仲尼不语

孔子忘了说的话

周国正 著

溫我以愛　澤我以德

謹以此書為父母及興婆誌念

前　言

经典这个词我们都听过，但什么是经典呢？马克·吐温说："经典就是很多人都听过，但很少人读过的书。"《论语》可以说就是这种经典。由此，我们也可以说，伟人就是很多人听过，但很少人了解的人。在这个意义上，孔子就是伟人。

不过，这里始终存在着一个问题，中国古籍、中国古人盈千累万，为什么只有有限的几十种书、几十个人是"很多人听过"的呢？这些书一定有特异之处，这些人一定有与众不同的地方吧！这本小册子就是要讨论《论语》这本书的特异之处和孔子这个人与众不同的地方在哪里。

其实，孔子最与众不同的地方不在于他的高明，而在于他的平凡，他所提出的，不是一家之言，而是家家之言，也就是我们每一个人所面对的共同问题，可以见之于每一个人的共同状态；孔学之有价值，不在于深奥，而在于切近，适用于你我每一个人。

文天祥殉国，留下几句流传千古的遗言："孔曰成仁，孟曰取义,惟其义尽,所以仁至,读圣贤书,所学何事,而今而后,庶几无愧。"真的,读圣贤书,所学何事?孔子、《论语》教了我们什么?真正读懂了《论语》的人知道,其实它什么也没有教,只不过是把我们本来就已经具备的东西再提出来,令我们自己注意到;孔子并没有把任何不属于我们自己的东西强加于我们,他只是要求我们做回真正的自己——一个真正的人;仁义,并不是从圣贤书中学回来的,只是因为读了圣贤书而明白得更透彻而已。

所以读《论语》,看儒家经典,重心并不能仅仅限于了解孔孟儒家的学说,而在于借助孔孟儒家的学说去了解自己,去思考问题,这也就是陆象山所谓"六经皆我注脚"的真正意思。苏东坡读过《庄子》后说了几句话:"吾昔有见于中,口未能言,今见《庄子》,得吾心矣",我们读懂了《论语》,也应该会有相同的感觉。

因此,我首先声明,在这本小册子之中,虽然我也力求客观,尽量根据当时的政治、经济、社会、文化特性去理解《论语》和孔子,但也不能完全脱离个人的诠释;而且,我觉得这不仅不是缺点,反而是长处。因为《论语》并不是用来放在象牙塔内供专家研究的,而是要在日常生活中由每一个人去体会和实践的,没有个人的体会和实践,对《论语》

任何精到的讨论也只能是空谈而已。真正的经典、真正的伟人，可以容许不同的人有不同的体会、有不同的心得，这就是经典与伟人可以经受千百年考验而仍然历久弥新的原因。

目录

上编

第一章　仲尼身世　003

第二章　春秋之世　019

第三章　孔子何惑　039

第四章　仁：一种道德情感　049

第五章　推己之谓恕　077

第六章　仁、义、礼一以贯之　099

第七章　君子与小人　119

第八章　权：「是是」之间　139

第九章　直：孔子的常情主义　169

下编

第一章　儒家政道之得失　207

第二章　儒家平等观　239

第三章　儒家礼与法　261

第四章　亲亲相隐困境　303

上 编

第一章 仲尼身世

1. 孔子身世

研究孔子的人固然不能脱离自己的限制，其实孔子也不能脱离自己的限制；所谓知人论世，要了解孔子的思想，就不能不先对他的出身、成长和当时所处的社会环境有一定了解。

1.1 孔武有力的孔子

按《史记·孔子世家》的记载，孔子的祖先是宋人，因为受到政治迫害才迁居鲁国。孔子父亲叫叔梁纥，是有名的勇士。据《左传·襄公十年》记载，他和友军一起进攻偪阳的时候，守军设下陷阱，先把外城城门打开，等鲁军涌入后立刻把城门放下。鲁军被困在外城内城两道城墙之间的瓮城之内，进退不得，成了瓮中之鳖。这个时候叔梁纥大发神威，把落下的城门再抬起来，让鲁军可以退出去。你想想，整扇城门都可以抬起来，他的体力多么惊人！当时鲁国的主帅孟献子大为赞赏，夸他"有力如虎"！鲁襄公十七年时，鲁国被齐国进攻，叔梁纥又以寡敌众，夜袭齐师，来去自如，逼得齐军无功而退，其勇猛可想而知。

孔子大概遗传了爸爸的基因，所以也生得很高大，《史记·孔子世家》说他"长九尺有六寸，人皆谓之'长人'而异之"。虽然古代的尺比现代要短，但孔子也一定很高，否则人家不会叫他"高个子"；有人推算过，当时的九尺六寸大约相当于今天的一米九一。孔子不仅长得高，而且还应该虎背熊腰，非常威武。何从知道呢？孔子有个学生叫子路，年纪和孔子差不了多少，与孔子是亦师亦友的关系；子路个性率直，脾气火爆，连孔子都敢顶撞，《史记·孔子世家》及《论语·雍也》记载，有一次，孔子去见卫灵公的夫人南子，因为这女人声名狼藉，子路立刻就拉下了脸；《论语·卫灵公》又说，孔子在陈国被人围困，几乎饿死的时候，子路竟然出言讥讽。子路是个好勇斗狠的人，《史记·仲尼弟子列传》中有一段记载很有趣，孔子自己讲，自从收了子路做弟子之后，就再听不到别人用难听的话骂自己了。为什么呢？因为谁对孔子不敬，子路就对他不客气。

子路的为人和孔子威武不威武有什么关系呢？首先，《史记·仲尼弟子列传》说，子路成为孔子弟子之前，是个自以为天下无敌，到处找人比试的人，而其中一次挑战的对象，竟然就是孔子（"子路性鄙，好勇力，志伉直，冠雄鸡，佩豭豚，陵暴孔子"）；想想看，如果孔子只是个文弱书生，那打败他有什么光彩？甚至可以说是胜之不武，由此可见孔子一定是个值得一斗的人物。有人可能觉得《史记·仲尼弟子列传》所记未必可靠，国学大师钱穆就是这样看的，不过，钱穆在谈到战国纵横家苏秦、张仪时曾经提出一个很有意思的看法，他认为苏秦、张仪的故事，虽不可信，编造故事之心理背景则可信。我们也可以用同样的态度去看子路和孔子那个故事。

不过，即使不相信《史记·仲尼弟子列传》，也应该相信《论语·公冶长》中孔子自己所说的："由也，好勇过我，无所取材。"[1]一般而言，当我们说某某人比自己更如何如何的时候，自己在这方面也一定也要有相当本事，譬如说，"他气力比我还大"，那么自己气力也一定相当大，如果手无缚鸡之力，那么"气力比我还大"这句话就成了笑话了。所以当孔子说"由也，好勇过我"的时候，意味着孔子自己也是相当勇猛的。正是这样，才会出现子路向孔子挑战这故事，无论这故事是真是假。

以上《史记》和《论语》有关孔子、子路的一言一事是互相呼应的，都显出了孔子是个高大勇武的人，高大是天生

---

[1] 子路这个人比我更喜欢表现他的英雄气概，但问题是不问是非，不问场合，一味要胜过他人。

的，但勇武却是要通过锻炼才能达致的，孔子自己肯定也努力锻炼过。

我们都听过"士大夫"这个词，一提起"士大夫"，很多人就会想到那些打恭作揖、吟诗作对的文人；其实春秋时代的士大夫不是这个样子的，他们首先是武士，然后才是文士，他们所受的六艺教育"礼乐射御书数"是文武兼备的。孔子弟子中，子路以勇武知名，这不用说，即使不以勇武出名的冉有、樊迟，在战场上也都非常勇猛。《左传》记载，鲁哀公十一年时，鲁国被齐国进攻，以左、右两军对抗，左军的统帅是冉有，樊迟当副手，同乘一辆战车；当时齐、鲁两军之间隔着壕沟，鲁军要跨过壕沟才能进击，不过鲁军怕危险，迟疑不进。樊迟就对冉有说，我们的军队是有攻击能力的，他们之所以不敢越过壕沟，只是对你没有信心而已；于是冉有就身先士卒，策马驱车冲过壕沟，鲁国军队看见主帅这样勇敢，士气大振，也跟着冲过去直入敌阵，把齐人打得溃不成军，连夜撤退。根据《史记·孔子世家》，冉有、樊迟立下大功之后，他们的上司季康子问，本事是学回来的还是天生的？冉有说，是跟孔子学的[1]；所谓名师出高徒，可见

---

[1] 冉有为季氏将师，与齐战于郎，克之。季康子曰："子之于军旅，学之乎？性之乎？"冉有曰："学之于孔子。"

孔子不仅能文，而且能武。

1.2 身世不明的孔子

关于孔子的家世，《史记·孔子世家》提到，孔子是叔梁纥和颜徵在两人"野合"而生的（"纥与颜氏女野合而生孔子"）。什么是"野"？就是粗野、不文明的意思，例如《论语·子路》说"野哉由也"（子路这个人很粗野）；《论语·雍也》中有"质胜文则野，文胜质则史"（过于质朴会流于粗陋，过于雕饰会流于虚浮）；所以"野合"可以理解为不符合一般程序，有违当时礼法的结合。如何不符合？如何有违？《史记》却没有说清楚。孔子的父亲是鲁国勇士叔梁纥，母亲叫颜徵在，这一点历来没有争议，不过，他们在什么情况下结合却语焉不详。

而且，为什么《史记》的作者司马迁要特别表明孔子是"野合而生"呢？首先要知道，司马迁对孔子是非常尊崇的，对一个自己尊重敬佩的人，为什么要标明他这种身份？有人觉得，英雄莫问出处，一个人出身如何，是他父母的事，和这个人没什么关系，野合而生又如何？要注意，这其实是现代人的观念，古人绝不是这样看的，在古代宗法制度下，人不是以个人的身份存在，而是以某个家族成员的身份存在的，一个人出身如何，他在家族中地位如何，就决定了他的身份。就以家族承继权为例，甲、乙两人都是某某的儿子，如果甲是正室所生，乙是妾婢所生，那有继承权的就只会是甲，不会是乙；甲、乙的地位不是由他们自己所决定，而是由他们生母的身份所决定的。

孔子是司马迁最敬重的人，要把一个自己最尊重敬仰的人说成是"非正常产物"，司马迁的内心可能也有过一番挣扎。我们可能觉得，作为一个秉笔直书的史官，司马迁有责任把事实写出来，这固然正确；但我们也很容易想到，作为原材料的历史事实可能很多，写成历史的时候一定要有所筛选淘汰，司马迁把孔子这非正常身份写下来，显然觉得是不能不写。为什么不能不写？很可能一是因为这关乎当时最受人重视的身份问题，不能不记；二是这事在当时可能广为人知，已经成了关于孔子割舍不了的一部分，不能不记下来。

东汉王肃所编的《孔子家语》对叔梁纥和颜徵在如何成婚有比较清楚的说明：在和颜徵在结婚之前，叔梁纥已经有了正室，但生了九个，都是女儿，和妾侍虽然也生了一个儿子，但脚有毛病，所以才再向颜家求亲。颜徵在嫁给叔梁纥的时候，叔梁纥已经上了年纪，颜徵在担心对方年纪大而生不了孩子，所以去附近的尼丘祈祷求子，孔子之所以名命为

"丘",就是因为尼丘这个地方;由于孔子已有一个哥哥孟皮,他是排行第二的,所以叫仲尼,尼也与尼丘有关;而孔子三岁的时候父亲就死了。

这样的话,不正常的地方又在哪里?原来在中国传统社会中,婚姻的首要目的是传宗接代,如果夫妻年纪相距太大,生育不易,婚姻最重要的任务就难以完成,这一段婚姻就会被视为"不正常""有违礼法的",张守节《史记正义》、司马贞《史记索隐》对此都有说明,有兴趣者可以参看。

不过,一般认为王肃所编的《孔子家语》是伪书,内容并不可靠;而且,《史记》距离孔子的时代近,《孔子家语》距离孔子的时代远,但《孔子家语》中,对于孔子的爸爸妈妈如何结婚,孔子怎样出生,怎样取名字,什么时候成为孤儿,竟然比《史记》知道得远为清楚,其可信性就更是大有疑问了。至于张守节、司马贞,他们都是唐代人,对相隔千年春秋时代男女婚配年龄限制的见解有多可靠,也很成疑问。何况下面更可以看到《孔子家语》的说法有很多无法解释的地方。

按《史记·孔子世家》和《礼记·檀弓上》记载,母亲去世的时候,孔子想把父母合葬,但因为不知道父亲坟墓所在，所以做了一件很大胆的事，就是把母亲的棺柩停放在大马路中间，引人注意，直到后来一个拉车者的妈妈告诉他孔父墓地所在。按这个记载，我们可以推想到几点：第一，孔子的母亲并没有正式嫁入孔家，因为如果嫁入了孔家，那孔子就应该在孔家长大，成为叔梁纥的继承人，不可能不知道父亲墓地所在；第二，孔子的母亲也不大可能是先嫁入了孔家，但在叔梁纥死了之后才带孔子离开，因为按《孔子家语》的说法，叔梁纥特意把颜徵在娶回来，就是要生个身体健全的继承人，孔子既然负有继后香灯的使命，孔家怎会容许颜徵在把孔子带走？第三，颜徵在是一直隐瞒孔子的身世的，因为如果她告诉过孔子他是叔梁纥之后，孔子要知道父亲墓地，去父家问一下就可以了，何必要做出这种惊世骇俗之举？《史记》说，关于孔子父亲的墓地所在，孔母是避而不谈的（"母讳之也"）；为什么不说？郑玄在注《礼记·檀弓上》时有个很好的解释：颜徵在觉得羞耻，所以不告诉孔子（"徵在耻焉，不告"）。

既然这是一段露水姻缘，那么当事人大概不会到处说吧，司马迁是怎么知道的？我认为那是当时一般人都知道的事情，而令这件事大白于世的，应当就是孔子自己。我们可以按常理这样推想：

颜徵在与叔梁纥一夜情之后就怀了孕，因为没有正式婚姻关系，孔子只能在母家出生长大，对自己父亲是谁，孔子一定问过，但孔母直到去世都守口如瓶，不肯透露，这才逼得孔子使出那么极端的手段，把母亲的棺柩停放在大马路之中。把真相告诉孔子的是车佚之母，这位女士很可能就是孔母的闺中密友。孔母年少轻狂，后来珠胎暗结，我们不知道她心理上是否承受了一些压力，但向朋友倾诉，是人之常情，那位女士应该就是孔母倾诉的对象，否则她也不可能知道孔子的父亲是谁。孔子知道之后做了什么，《史记》没有清楚交代。叔梁纥出身士族，立过大功，名字见诸史册，不可能随便让一个女人葬在他旁边，若能够合葬，意味孔家先承认了孔子，然后才会承认颜徵在的妻子身份。那时候没有DNA检验技术，孔子是怎样证明自己是孔家子孙的呢？那位女士的话未必有什么说服力，因为她身份低微，儿子只是个马夫。最有力的证据应该就是孔子自己，九尺六寸的身材一站出来，高大威武，已经胜过千言万语，还不是叔梁纥的儿子吗！大概孔子那时才回到孔家，以孔为姓氏。孔子这一次认祖归宗不仅确定了自己的血统，而且还改变了自己的社会地位，成为士族。

《史记·孔子世家》的说法则是前后呼应的，在孔子将父母合葬后不久，还记载了一件耐人寻味的事：当时鲁国的权臣季氏招待士族，孔子也去参加，但在门口给季氏的家臣阳虎拦住，说："季氏招待的是士族，不能招待您呀！"[1]我以前看到这里，只觉得是个孤立事件，是阳虎故意刁难孔子，原因不明。但一和孔子身份转变这件事联系起来，来龙去脉就很清楚了，阳虎这样做，未必是故意刁难，而是还未知道孔子身份已经有所转变。当时孔子刚刚认祖归宗，一般人应该还不知道，所以才会碰了这个钉子。

孔子高大威武，聪明好学，这样的人自尊心多半也很强，吃了这个闭门羹大概心里很不好过，后来他提出"必也正名乎"的"正名论"，很可能也和这件事有点关系。我们都知道"正名论"是什么，用最简单的话说，就是要求有其名者有其实，你是什么身份就要做和这身份相称的事。不过想深一层，就会发觉"正名"这个提法其实是不大准确的；就以君君、臣臣、父父、子子而论，比如作为君主，行为就要符合君主的身份，说的其实不是有没有君主之名，而是有没有君主之实，所以"正名论"其实是"正实论"，要求实副其名，而不是名副其实。但为什么孔子所用的术语是"正

---

[1] 季氏飨士，非敢飨子也。

名"而不是"正实"呢？似乎可以用潜意识理论去解释：孔子那次之所以遭受挫折，真正的关键在于虽有士族之实但无士族之名，为此孔子深觉不平，令"名"在他心中留下了烙印，进入了他的潜意识，成了念念不忘的东西，《左传·成公二年》中，孔子也对君主提出这样的规劝：（作为身份表征的）器物和名位，是不可以随便借给他人的。[1]结果就是本来应该称为"正实"的，他都误称为"正名"了。

这里还要作一点补充，上文说孔母年少轻狂，其实有点开玩笑的意味，这样的露水情缘，那时候即使在不很轻狂的人之间也很可能发生，因为那是古代母系社会遗留下来的习俗。《周礼·地官司徒·媒氏》有这样的说法："中春之月，令会男女，于是时也，奔者不禁。"《周礼》所言可以得到其他古书的印证，《墨子·明鬼下》说："燕之有祖，当齐之社稷，宋之有桑林，楚之有云梦也，此男女之所属而观也。"[2]现代有些少数民族也保留着此习俗；母系社会只知有母，不知有父，女人生了小孩就由母家养大，一个部族就是这样繁衍延续的。不过，请大家注意，《周礼》所说的

---

[1] 惟器与名，不可以假人。

[2] 燕国"祖"这个地方，和齐国的社稷、宋国的桑林、楚国的云梦一样，是男女聚集找寻对象的地方。

是"于是时也，奔者不禁"，意味着在其他时候是不容许这样做的。为什么呢？这里我们看到的是社会风俗转型期间的状态。我们都知道周代实行封建制，根据宗法制度决定继承权，宗法制度讲究的是血统——父系血统，一个人的身份地位主要是由他父亲是谁所决定的，由母家养大，父系血统不明的孩子当然不容易得接受；所以这种风俗在主流社会中是被视为不大文明的，《左传·庄公二十三年》说："公如齐观社，非礼也。"[1]为什么"非礼"？杨伯峻《春秋左传注》指出，这是"聚男女而相游观"的地方，"相游观"还是比较隐晦的说法，此处很可能就是男女交合的地方[2]，一个国君特别前去观看，当然会被视为有失身份了。

不过，虽然父系宗法制度是当时的主流文化，但社会上母系文化还有些残留，未能完全禁绝，于是就出现了《周礼》那种安排。上层阶级对这种安排虽然排斥，但对情窦初开的年轻人来说，这种"奔者不禁"的事应该很有吸引力，孔母在荷尔蒙的影响下跟着这种当时的次文化跑了出去，生了孩子，到年事渐长之后，主流文化的礼教起作用，于是思

---

[1] 鲁庄公到齐国去看"社"，这是不合礼的。

[2] 民俗学研究指出，不少原始民族还保留着在耕地上集体性交的风俗，认为这样会提高农作物的产量。

之有愧而"讳之"了。而且再想想，当时叔梁纥已经去世，一个女人带着孩子到士族之家说这是你家的儿子，这多么丢脸，弄不好还会让对方视为敲诈欺骗，孔母之所以守口如瓶，也可能有保护孔子，免他受辱的意思。

孔子幼年住在母家，未有士族身份，而孔母的家庭背景似乎并不怎么样，所以孔子少时是吃过苦的。不过正如孟子所说，"天将降大任于是人也，必先苦其心志，劳其筋骨"，孔子所吃的苦头结果成为他的磨炼，既培养了他的办事能力，也令他对社会民生有更深切的了解。孔子自我剖白："吾少也贱，故多能鄙事。"[1] "贫贱"两个字现代时常连起来一齐用，例如"贫贱夫妻百事哀"，但古代"贫""贱"是两回事，"贫"指贫穷、没钱，说的是经济情况；但"贱"所说的是社会身份，例如指平民、农奴等。贱而不损其志，可能更是一种天之恩赐，后汉光武帝刘秀虽然有帝家血脉，但家世寒微，了解民间疾苦，可能正是造就他一世功业的重要因素。

---

[1] 我年青时身份卑微，所以很多低下的工作都懂。

第二章 春秋之世

第二章 春秋之世

孔子自己说四十岁后就不再困惑了("四十而不惑"),意味着他四十岁前是有困惑的,而且肯定是大惑,否则不会将之作为人生十年阶段的一个标志,究竟是什么困扰了孔子几十年,令他以大惑得解作为这个人生阶段的标志?

"知人论世"是句老话,要了解一个人,一定要首先了解他所身处的年代;孔子是春秋时代的人,而春秋时代礼崩乐坏,我们都耳熟能详。不过,什么是礼崩乐坏?是没有了礼,没有了乐吗?乐,我们所知寥寥,但《孟子·梁惠王下》中齐宣王说:"寡人非能好先王之乐也,直好世俗之乐耳。"[1]可见乐坏了仍然是有乐的,只不过不是先王之乐而是世俗之乐而已。可以肯定地说,礼的情况也一定和乐相似,礼仍然是有的,只不过不是先王之礼而是世俗之礼而已;因为古代的礼指的是整个典章制度,是政治、社会、家族以至个人的总体规范,规范固然可以有所不同,但无法想象在完

---

[1] 我不是喜欢先王的音乐,只是喜欢现时的流行音乐而已。

全没有规范之下，政治、社会、家族以至人与人之间可以怎样运作相处。

因此礼崩乐坏云云，只不过是某种礼、某种乐的崩坏而已，说得更清楚一点，就是某一种理想中的礼、某一种理想中的乐的改变。"崩""坏"都是贬义词，显然说者认为这种改变不是好事，原来的制度应该维持下去。那么，我们首先就要了解，原来的制度是怎么样的，跟着要了解为什么原来的制度不能维持下去。

2.1 西周的社会结构

春秋之前是西周，政治上行封建制，经济上行农奴制，这是就主流来说的，各地发展速度并不相同，吕振羽《中国社会史纲》指出，比较偏远的地方有些还是奴隶制，甚至是原始公社制。

所谓封建，就是封土建君，由周天子把土地分封给诸侯自行管治，各个封国名义上是周天子的属国，但实际上等于一个一个的独立国家，各国诸侯享有政治、经济、军事上的实权；各封国诸侯又同样把土地分给大夫，大夫封地的运作和封国相同，只不过规模较小而已；这样由天子、诸侯、大夫层层分封下去，最低一层的士就不再分封了。所以，天子实际管辖的范围只有王畿附近有限的土地，诸侯的势力范围也只是诸侯国周边，大夫当然就只管辖自己所有的领地；天子、诸侯、大夫、士都是贵族；士是贵族的最低层，再下面的则是庶民。

土地分封一般是连带人口的，《诗经·閟宫》说"锡之山川，土田附庸"（赐予山川、土地、人口），"锡"就是"赐"字，"附庸"传统上解释为不足五十里的小国，但金文学者指出，其实应该理解为附着于土地的农奴；这和青铜器《大盂鼎》铭文上所说的"受民受疆土"（授予民众土地）和《召伯虎敦》铭文"仆墉土田"（农奴田地）可以互相对照。农奴是不能自由迁徙的，要为土地的领主耕作，所得一部分交给领主，另一部分则归自己所有；参考古希腊和古罗马情况，农奴往往来自战败一方被俘虏的人，最初成为奴隶，随着社会发展，身份才由奴隶转为农奴。农奴和奴隶不同的地方在于后者没有自己的家庭，奴隶主视他们为牛马，除了一宿两餐之外，耕作所得全部都要交给奴隶主，自己什么也没有；农奴不一样，可以有自己的家庭，耕作所得虽然一部分也要交给领主，但另一部分则属于自己。古书所说的庶人、庶民一般就是指农奴。

当时有一部分人则是能够自由迁徙的，《论语·子路》中孔子说"上好礼，则民莫敢不敬；上好义，则民莫敢不服；上好信，则民莫敢不用情。夫如是，则四方之民襁负其子而至矣，焉用稼？"[1] 当然，一如《论语·季氏》所说"既来之，则安之"[2]，两段说的都是如何把他国人民吸引到本国。古代未成年人夭折率高，人口往往不足，而人口则代表生产力和战斗力，所以各地都着力于吸引外来人口迁入。可以迁入，当然意味这些人是能够自由迁徙的，否则不会成为别国吸纳的对象。贵族当然能够自由迁徙，孔子的先祖就是由宋迁鲁的，但由于迁离故国要失去原有的土地和基业，所以除非遭遇迫害，或国破家亡，否则贵族大规模的迁徙不大可能发生，也因此不大可能成为各国吸纳的对象；剩下来最大的可能性就是最下层的士和自由民，当施政无道，他们难以为生的时候就有可能择木而栖了，这也是《诗经·硕鼠》所说"逝将去女，适彼乐土"[3] 产生的背景。

农奴制的生产力是比奴隶制为高的。原因很简单，奴

---

[1] 在上位的人重视礼法的话，则民众不会不恭恭敬敬；重视道义，则民众不会不服从；言出必行，则民众不会不老老实实。这样的话，则天下百姓就算用布兜背负着婴儿都会来投奔你，哪用得着自己去种庄稼？

[2] 来了之后，就要好好安置。

[3] 我要离开你，搬到可以安居乐业的地方。

隶的耕作所得全部都要交给奴隶主，自己无论努力不努力，所得都不过是一宿两餐，所以生产积极性不高，除了为避免被奴隶主责罚之外根本就很难具有生产热情。但在农奴制下，由于耕作所得自己也可以享有一部分，努力耕作，妻子儿女也可以吃得饱些，生产积极性自然大得多。从领主的角度看，虽然农奴制下一部分农获由农奴享有，但他们努力生产，交付给领主的部分也会增加，举个例说，假如一个农奴正常的生产量是100，但在奴隶制下，由于缺乏生产热情，所以实际生产的只是40，那么支付奴隶生活所需的成本之后，奴隶主所得的还不到40；但转为农奴制之后，由于工作越勤恳农奴自己所得越多，所以可以达致100的正常生产量，领主即使把一半留给农奴，自己所得的也增加至50，始终有所增益，如果只把三分之一留给农奴，那就更不用说了。所以农奴制是一种彼此互惠的双赢制度；利之所在，明智的土地领主自然都会倾向于由奴隶制转为农奴制。

2.2 原有制度的局限

不过，到了春秋时代，政治上的封建制，经济上的农奴制又不能不作出些改变了。原因很明显，封建制的特点是小国寡民，好处是"天下"一层一层地由一个一个实质上独立的政治实体构成，每个政治实体的结构都很简单，人口不多，管治相对容易，但坏处是失去了一体化下的规模优势。

2.2.1 动员力不足

由于每一个封国领地都是一个相对独立的实体，每一个实体内的人力和资源都很有限，不利于进行大规模活动。举个例说，如果鲁国受到齐国攻击，要抵抗，鲁君直接能够动用的人力和资源就只限于鲁国国都，即曲阜附近一带，因为其他土地都已经分封给大夫，不再由鲁君直接管辖，要组织大部队御敌，就必须依赖各大夫的支持，由他们派遣自己属下的部队组成联军。这时要一一派员和各大夫分别商定，即使一切顺利也耗费时日，缺乏效率；如果某大夫和鲁君关系欠佳，又或者地方意识太重，不愿意付出自身领地的资源人力为鲁君尽力，就会以各种理由推搪，或延迟遣兵，或减少人员数量，除了近乎空文的谴责之外，鲁君可以进行实际制裁的手段很有限。当需要进行战争之时，无论是进攻或防御，小国寡民都是很不利的。西方历史学家普遍认为国家之所以出现，主因是要满足战争需要；美国政治学家福山（Francis Fukuyama）在《政治秩序的起源》(*The Origins of Political Order*)第7章"战争和中国国家的兴起"中更直指西周时期种种体制改革无不与战争需要有关。

事实上，西周封建制经过几百年的代代相传，到春秋时代，各地、各国间的发展已经出现很大差距，诸侯的势力超逾周天子，大夫的势力超逾诸侯，甚至大夫下属的势力超逾大夫的事例都可以见诸史册。郑庄公竟然和作为天子的周桓王兵戎相见，郑庄公的下属祝聃还把周桓王射伤了，这是诸侯不敬天子（《左传·桓公五年》）；在鲁国，所谓政在三桓，鲁国的政治实权已经掌握在孟孙、叔孙、季孙这三家桓公的后人手中，这是大夫凌驾诸侯；其中季氏的势力最大，虽然如此，季氏的下属阳虎竟然作乱，攻击三桓要自掌政权，事败后逃奔齐国（《左传·定公八年》），这是大夫的下属要取代大夫，出现《论语·季氏》所说"陪臣执国命"[1]的情况，可以说，春秋时代强弱易势，天子和诸侯之间、诸侯和大夫之间所存在的宗主、臣属关系，早已名存实亡了。

和战争密切相关的是税收，我们都知道要进行战争，必须有充分的资源，小国寡民就无法提供所需的资源，也就无法进行相应的军事活动，这就更不用多说了。

2.2.2 不利于一体化标准化，妨碍经济发展

小国寡民，国与国之间关卡林立，货币不同，税制不

---

[1] 辅助君主的臣属掌握了国家的命脉。

同，度量衡不同，甚至车轨的宽度也不同，这样对交通往来、经济发展、改善民生的妨碍可谓不言而喻。孟子虽然强调"何必曰利"，但在《孟子·公孙丑上》中却建议"关讥而不征"[1]，以此"天下之旅皆悦而愿出于其路矣"[2]，显然就是看到征税繁复对经济发展的障碍；这和现代国家协议设立自由贸易区，互免关税是完全相同的想法。各国君主可能只看到眼前之利，以为处处征税可以增加收入，但长远来说其实不利于经济的总体发展，当整个饼都缩小了，自己所得的那一份也不会太大，情况一如现代某些国家短视地实施保护主义。其实当时提出"讥而不征"的不乏人，可说是一众有识之士的普遍要求，这和第二次世界大战后由法、德、意、比、荷、卢等六国组成欧洲煤钢共同体的想法非常接近；这共同体后来扩大为欧洲经济共同体，最后发展成为今天包含二十多个成员国的欧盟，就是谋求一体化、标准化，以克服这种不利于总体经济发展的障碍。

2.2.3 不利于大规模水利工程的建设

想想看，如果一条河的上下游分别属于不同国家，那么该国在其中一段所能够做的就很有限；上游筑坝拦河，你

---

[1] 虽然应该在关卡查察宵小匪人，但不应该对入境或过境的商品征税。

[2] 吸引商旅，令他们乐意利用你的道路运输往来。

的水量供应就很受影响，反之，当大雨成涝，急待排水的时候，如果下游不配合，也会影响洪水的宣泄。中国即有与他国共享一河的情况，云南的澜沧江，下游就是湄公河，先后流经老挝、缅甸、泰国、柬埔寨、越南等国，幸好各方本着合作精神，成立湄公河委员会（中、缅不是正式会员，只作为对话伙伴）以调和各方利益，协商解决问题，避免任何一国损人利己，或别有用心者挑拨离间，引起纷争。但如果其中有些国家不那么合作呢？今天的埃塞俄比亚和埃及两国的情况就很有参考价值，两国都非常依赖尼罗河，视之为生命线，埃及从中得到90%的用水，而埃塞俄比亚在埃及上游，要拦河建造"埃塞俄比亚复兴大坝"，俾全国发电量可以增加一倍，以大大改善民生；这当然会影响到埃及境内未来的水量供应，为此埃及勃然作色，如果双方谈不拢，还不知会出现什么结果，最坏的甚至会兵戎相见。我们很容易想象，古代的君主不能不有相同顾虑。

中国以农立国，农业长久以来都是重中之重，现代的财政部部长汉代称为大司农，农之关键作用可想而知；务农不能缺水，所以水利不仅是经济命脉，也是国家命脉，小国寡民，却正是令国家命脉难以畅通的重大绊脚石；英国重商主义时代，只要国势容许，不惜以武力为后盾拓展市场，中国为保障农田水利这命脉也难以容忍任何障碍，当然也不惜付出重大代价；春秋时代，兼并之风炽烈，除了可能是出于君主好大喜功的野心之外，也很可能是为了本国发展和保障农业的需要。

2.3 矛盾激化的原因

不过，小国寡民的局限早就存在，为什么西周时代可以维持，到春秋时代才开始崩坏？因为西周时代这种制度局限和社会发展需要两者之间的矛盾还不十分尖锐，春秋时代大大激化，才不能再维持下去。

2.3.1 生产力提高

造成激化的原因是生产工具、生产技术有重大改进，令生产力大大提高。春秋时代铁器开始大量使用，而且开始利用牛耕，《淮南子·氾论训》说："古者剡耜而耕，摩蜃而耨，木钩而樵，抱甄而汲，民劳而利薄。后世为之耒耜耰锄，斧柯而樵，桔皋而汲，民逸而利多焉。"[1]

---

[1] 在古代，犁田用的是削尖的木桩和磨薄的大蚌壳；伐木的镰刀也是木制的；取水，就抱着陶罐整个人浸入水中；劳动强度大而仅足糊口。到了后代，犁田伐木的工具改用铁器，取水也改用了以杠杆方式操作的木架子，工作轻巧了，效率也提高了。

其他典籍也同样显示铁制农具的广泛使用，《国语·齐语》说"恶金以铸锄、夷、斤、斸，试诸壤土"[1]；《管子·轻重乙》"一农之事，必有一耜、一铫、一镰、一鎒、一椎、一铚，然后成为农"[2]，代表六种农具的汉字之中，五个以"金"作为部首，也显示农具是铁制的。木器笨重，操作不便，效率低，这不在话下；改用铁器效率自然大大提高，农作物的产量也大为提高。

2.3.2 商人地位提高

生产力增加的结果就是财富累积，以前日日辛勤所得仅足糊口，现在则有所剩余；粮食丰富最直接的效果是使得人民营养增加，健康改善；而吃不了的粮食则可以用来换取更华美的衣饰、更精致的用器、更豪华的居室，专业工匠因此应运而生，令工艺大幅改进。而且，粮食剩下来只会在仓库里腐败，用以改善生活之余，明智之士当然会将之作为资财经商；因此生产力增加，粮食富余，资财累积，必然造成商人的出现；加之更华美的衣饰、更精致的用器、更豪华的居室很难全部由一地提供，也必须依赖商旅在各处互通有无，进行贸易，随着工匠商旅出现的现象就是交通发达、商业繁

---

[1] 用铁来制造锄、夷、斤、斸等农具去种地。
[2] 耕作一定要有耜、铫、镰、鎒、椎、铚等工具才可以成为农夫。

荣、城市兴旺。

财力是一种势力，拥有资财的商人，特别是那些周游列国的行商，对各地的变化发展以至各种先进技术更容易有所认识，因此他们不仅可以凭借财力和原有的领主抗衡，而且往往在见识上也比那些见闻狭陋、固步自封的领主更胜一筹。《史记·管晏列传》记载，辅助齐桓公称霸的管仲和鲍叔牙，本来就是商人。《史记·货殖列传》说孔子的弟子子贡"聘享诸侯，所至，国君无不分庭与之抗礼"[1]，所谓"聘享诸侯"就是进行外交活动，这本是外交使臣的工作，而作为使臣，到别国之时应该是以下属之礼参见当地君主，席位安排是一上一下，一主一次的，但"分庭与之抗礼"却是分居一左一右，以平等的礼节相交，可见商人之受到重视，这比起今天各国领导人接见富可敌国的工商巨子还要隆重。

商人受到重视，是由于君主认识到发展商贸经济对国家富强的重要性，司马迁在《史记·货殖列传》中把齐桓公的称霸归功于管仲在财政上设置了"九府"等财政机构[2]；而越王勾践最后之所以能够复仇称霸，也被认为是由于采纳了范蠡、计然在商贸经济上的建议。最后司马迁作了这样的

---

[1] 在拜会诸侯的时候，所有诸侯都是和他"分庭抗礼"的。

[2] "管子修之，设轻重九府，则桓公以霸。"

总结:"行贾,丈夫贱行也……千金之家比一都之君,巨万者乃与王者同乐。岂所谓'素封'者邪!"[1]"行贾"就是经商,"素封"是没有封君之名但有封君之实,足以和诸侯王者同乐。

2.3.3 土地制度改变

生产力的提高,在田制上也引起重大变化。我们都知道,人是有聪明愚鲁、勤劳懒惰之别的,同是农奴,必然有些耕获多,有些少,在生产力低下的时候,个人差异所造成的分别不大;但当生产工具、生产技术大为改善,特别是用了牛耕之后,这些分别就呈几何级数增加了。某些农奴明明可以种更多的田,如果仍然规定他们只能在原定的土地上耕作,不仅农奴不愿意,领主也同样减了收益。一损俱损,一荣俱荣,明智的办法当然是让农奴按自己的能力种地,能种多少地就种多少,只要仍然按比例分给领主就可以了。由于这个安排可以彼此互利,令领主和农奴都大大加强了开拓新土地的动力,以前难于耕作的荒地,在铁制农具和牛耕助力之下,变得具有开垦价值了。

《左传》中有不少国家/诸侯/大夫之间"争田"的记

---

[1] 虽然经商是低贱的行业……但是大富之家可以和诸侯相比,而超级富豪的享受更和王者一样。这难道就是所谓"没有王位的王者"吗!

载,例如成公十一年,"郤至与周争鄇田";昭公九年,"周甘人与晋阎嘉争阎田";昭公十四年,"晋邢侯与雍子争鄐田",我们要注意"争"这个字,如果这些田地本来属于某甲,而某乙强行取走,那么用的字应该是"夺",是"取";用"争"字显示了这些田地原来是无主之物,所以才会引起纷争,一如粤语中所说的"瘦田没人耕,耕了有人争"。这些田地之所以曾是无主之物,原因很可能就在于本来颇为贫瘠,开垦的难度又大,但由于铁制农具及耕牛等的使用,这些土地变得易于开垦而值得兵戎相见去争取了——当然也有另一个可能性,就是人口增加,粮食需求量大,不能不扩大耕地面积;情况就如从油页岩中提炼石油,油页岩中其实储存不少石油,但由于从前缺乏低价高效的技术,开采成本很高,所以才没人理会,新技术出现之后,只要油价处于一定高位,油页岩石油就变得具有开采价值了。

从前农地是按人分配的,现在则是按力分配。这应该就是宣公十五年,鲁国"初税亩"制度开始根据田亩数量征税产生的背景;也就是《管子·大匡》所说的"案田而税"(根据田亩数量来征税);田地是有优劣的,所以《国语·齐语》提到"相地而衰征"(按土质的好坏而增减税额)的安排。

农奴多劳多得，对领主固然有利，而直接受惠的当然也包括农奴，其中有些能力特别出众的，也可以积累财富，这些财富除了改善生活之外也可以变成资财，用来营商致富。中国古代的奴隶能否用金钱买回自由，改变身份？虽然史无明文，但古罗马的奴隶有固定制度，可以用金钱换取自由民身份去营商；伊斯兰世界，按《古兰经》24章第33条所说，要容许守信、有赚钱能力的男女仆人与其主人订约赎身；拉丁美洲在蓄奴时代奴隶也可以用coartacion方式与奴隶主议价买回自由；以常理论，领主得金钱，奴隶得自由，是一个双赢安排，春秋时代很有可能也有类似的途径。

2.3.4 阶级地位改变

在这种情况下，原来的阶级制度也开始出现变化了，以前的阶级纯由血统决定，现在则可以通过经济途径改变身份（后来更可以通过军功）。与此相并出现的是土地所有权／使用权的改变，以前的土地是由君主赐予的，现在则很可能转为可以用金钱购买，当领主财政匮乏，出现《史记·货殖列传》所说"千乘之王、万家之侯、百室之君，尚犹患贫"（资源丰厚的王侯君主都闹穷），而商人却坐拥巨资的时候，最容易出现的情况就是由领主出售土地以换取金钱，这和后代的卖官鬻爵性质相同；《史记·货殖列传》记载，吴楚七国之乱的时候，长安城中的列侯封君都要借钱作军费，当时有一位无盐氏，就是靠这次以一还十的高利贷而成为关中巨富的（"富埒关中"）；法国大革命前波旁王朝连年征战，财力不足，要出售一些政府权利，包括征税权；从历史上看，连以一还十的高利贷都要借，连征税权都可以出售，就更不用说土地了。

  这里要做一点补充，不像罗马法，中国古代法律只有刑法，没有民法，对土地所有权等没有明确规定，所有土地名义上属于君主，但使用权却是可以转移的，靠的应该就是一般所说的习惯法，也就是"礼"；事实上，所有权和使用权是现代观念，中国古代恐怕根本就没有这种区分，使用权既可以买卖，又可以代代相传，在当时人眼中及从实际操作看，就和所有权没有分别了。

  土地买卖是否也连带农奴我们不清楚，但以常理论，购买田地的一个重要目的就是生产农作物，古罗马时代的地主购买庄园，就是以庄园中的物产作为商品买卖；耕作者的生产力越高，产量越大，这个投资就越有价值，因此购买田地的人一定会选用最有能力的生产者，即使土地转换时连带农奴，如果这些农奴生产力低下，新的土地拥有者也会更换或添加新的生产者，采用雇佣方式；当这种情况出现的时候，土地拥有者和耕作者之间的关系，就不再是领主和农奴关系，而是地主和佃农关系，而存在于两者之间的也不再是政治关系，而是经济关系了。

礼，是古代整个制度的总称，现在整个制度都出现了重大变化，不能维持下去了，这就是礼崩。

第三章 孔子何惑

3.1 在孔子眼前出现的新形势

生产力的长足发展不仅令政治、经济、社会固有秩序急剧改变,而且导致了新的需求——扩充国土。国家规模扩大,无论在提高动员效率、进行水利建设、改善交通运输、促进工商发展方面,都远比小国寡民有效;这种需要,一如前述,是早已存在的,不过当时生产力的发展令其变得更为迫切,不仅如此,还同时令满足这种需要变为可能。

扩充国土就要进行战争,战争需要武器、粮食、兵员。铁的使用,令武器制造较为容易而价格低廉;生产力提高,不仅可以带来充裕的粮食供应,而且由于较少量的农夫就足以生产足够的粮食,剩下的人更可以转为兵员,进行较大规模的军事活动。古代国家,一般是兵农不分的,男人平时务农、战时为兵,很少有职业军人;接受军事训练的是贵族,射、御为贵族基本修养六艺中的两种;发生战事的时候,由大夫领军,士充任战斗主力,以战车为单位,农民则依附战车作为步兵。这里一定要提及魏国的武卒(虽然时代已经稍后），魏国武卒以挑选严格、体健力壮、战斗力强而闻名一时，这固然没错，但称之为武卒而非武士，显然他们不属于"士"这阶级，原来的身份很可能就是农民，但因无须耕种而去接受专业的战斗训练，遂成为职业军人，这是一种新的行业。职业军人是需要薪俸（薪、米）的，要由其他农民供给，而且做了职业军人就不能耕种，减少的粮食也要由其他农民填补，这都是在生产力提高，以较少农民就可以生产较多粮食，供养更多人口的情况下才可能发生。魏国武卒在战国早期已经出现，此时和春秋相距不远，通过这一点我们可以上推春秋时代出现了什么变化。

生产工具改进、生产力提高，固然改善了人民的物质生活，但同时也带来了可怕的后果——频繁的战争，正如《诗经·鸨羽》所云"王事靡盬，不能蓺稷黍"[1]。战争会造成大量死亡，我们都知道，但现代学者之间的共识是，造成最大量死亡的不是战争，而是饥荒，所谓大兵之后必有荒年。《孟子·梁惠王上》说"不违农时，谷不可胜食也"[2]，这是孟子对梁惠王的劝告，所谓"不违农时"，就是不要在农忙时候打仗、筑城、疏理河道之类，以免影响粮食生产，孟子所看到

---

[1] 战争无休无止，连种地都没法种了。

[2] 如果不违反生产规律，粮食就会多得吃不了。

的，很可能就是相同问题。不过，如果把这句话反过来看，不违农时，粮食就多得吃不下了，虽然这说的是战国末年，也可以想见春秋以来生产力的发展趋势。

　　古来统治者权威破灭，尊卑失序，层层统属的秩序名存实亡；商业财富抬头，商人成为另一权力阶级，成为足与政权抗衡的新力量；领主农奴制逐渐转变成地主佃农制；平民百姓为连绵不断的战争而痛苦不堪；政治、社会、经济都出现了巨大的变化。凡是社会巨变，总有得益者和失利者，得益者是那些机变灵活，利用新时机争取最大利益的人，他们当然兴高采烈；而那些一向只知老老实实、一仍旧贯的人则易于失利，一般农民多半就是如此，他们代代以来都可以根据父祖辈的经验做事，除了天气无常之外，他们的世界非常稳定，一切都是可以预期的；但在新的社会形势下，一切都变得不可知了，老百姓一下子变得手足无措，不知如何适应；加以连年征战，平民百姓当然更为此而痛苦不堪，痛苦令人变得愤怒，他们不仅对传统权威失去尊重，甚至连上天都骂起来了，所以出现了《诗经·蓼莪》这样的诗句："欲报之德，昊天罔极"[1]；有人把"昊天罔极"解释为父母的恩德如

---

[1] 我要回报父母，但上天反复无常，使我没了机会。

上天一般无穷无尽，这是误解；因为"罔极"在《诗经》中都带贬义，所以应该理解为没有准则、反复无常。

3.2 新形势下的不同反应

身处这样的巨变，眼见这样的痛苦，如果你是孔子，会怎样想？

这是历史发展的必然走向，由原始公社而奴隶制，再而封建农奴制，一直到秦汉之后中央集权的地主佃农制，中国古代社会就是这样发展的；一个新阶段的产生会带来阵痛，当其事者当然非常痛苦，但却是难以避免的。

今天看来，恐怕真的如此，对此我们都很清楚。不过，我们之所以有这种清楚认识，绝不是由于当时的历史走势已经昭然若揭，路人皆知，我们有的只不过是"后见之明"。在孔子那个时代，眼前恐怕只见到一片迷惘，否则诸子百家就不会出现，诸子百家之所以出现，就是要对这前所未见的社会变化重新进行解释和提出应对方法，而之所以是百家而非一家，各陈其说，正是由于当时没人能清楚了解眼前所发生的是什么和在这新形势之下应该如何应对。

所以，"惑"是当时有识之士间的共同问题，《论语·微子》中荷蓧丈人、楚狂等因为与孔子的人生取态有异而各持己见，这一点不奇怪，但即使人生路向一致，同样是忧国忧民的贤哲之士，也不时出现了意见大大相违的情况，下面的事例都引人深思：

3.2.1《左传·昭公六年》记载，郑国的大臣子产要把刑法加以明文化，确定下来铸成刑书，一表示不会轻易改动，二让国人知所遵从，不会因为无知而触犯。但当时晋国的大臣叔向大为不满，写信把子产教训一顿，叔向认为："先王议事以制，不为刑辟，惧民之有争心也……民知有辟，则不忌于上，并有争心，以征于书，而侥幸以成之……民知争端矣，将弃礼而征于书。"[1]

在我们眼中，叔向可能非常保守僵化，甚至只是想维持绝对的权力，不过，他却是当时有名的贤臣，《左传·昭公十四年》中孔子称赞他是"古之遗直"（有古人之风的正直之士）。子产被他责难之后，虽然还是认为一定要这样做才能够解决现实问题（"吾以救世也"），坚持自己的做法，但仍然表示感谢。

那么，子产又是怎样的人？他同样是名臣，政绩也传颂

---

[1] 古代解决纷争，是根据沿袭下来的礼，不会把刑法（"辟"）明文化；因为一旦明文化，国人就会不再尊重君上，不再理会礼，只根据刑法条文和你争个不休，这样只会引起更多的问题。

一时,《左传·襄公三十年》记载他在郑国大事改革,开始时人民不明白,要跟他拼命,几年之后看到改革的成果了,又担心他死了后继无人,再找不到这样的好官!襄公三十一年,他反对拆毁乡校,让士人有地方继续表达意见,使得执政者可以从中得知民心向背,及早疏导,这就更是明智之极的举措了,《论语·宪问》中孔子称赞他是造福百姓的人("惠人也")。叔向、子产两人都是大大有功于国家人民的贤臣,都得到时人的称许,但意见却可以完全相反。

3.2.2 孔子是大哲,晏婴是大贤,这我们都知道,贤哲相遇一定会惺惺相惜吧?不过《史记·孔子世家》中晏婴却对孔子有一段令人瞩目的评论。当时齐景公非常看重孔子,准备把尼谿的田地赐封给他;晏婴却劝阻说:儒者不肯接受规范,自以为是,难以驾驭,而且过分重视丧祭,造成浪费,不宜作为社会风俗,又到处游说,不事生产,借钱度日;孔子礼节繁复,学一世也学不了,费时失事,对民生日用于事无补,不能用他那一套去移风易俗。[1]孔子无功而返,最后只

---

[1] 景公说,将欲以尼谿田封孔子。晏婴进曰:"夫儒者滑稽而不可轨法;倨傲自顺,不可以为下;崇丧遂哀,破产厚葬,不可以为俗;游说乞贷,不可以为国……今孔子盛容饰,繁登降之礼,趋详之节,累世不能殚其学,当年不能究其礼。(引按:此两句亦见于《史记·太史公自序》)君欲用之以移齐俗,非所以先细民也。"

得离开齐国。

以晏婴一向的为人,他这样批评孔子,肯定不是因为妒贤,而是真的觉得孔子那一套不利于民生日用。同是圣贤,但仍然道不同,也因此不相为谋,不能在齐国共事。

3.2.3 君权的正当性

i.《国语·鲁语上》记载了里革的一段论述,当时晋国国君厉公被晋人杀掉,消息传到鲁国,鲁成公提出这样的问题:"臣杀其君,谁之过也?"里革回答:"君之过也。"因为一国国君本来有至高无上的权威,但现在竟然有人不理会他的权威把他杀掉,显然是他自己有种种过失,如果君主行为不端,不管人民死活,任用奸邪,罢黜贤臣,对人民的疾苦不加救济,这样的君主还有什么用?人民所为是好是坏,其实源于君主的作为。[1]

ii.《左传·昭公三十二年》记载,鲁昭公在齐国去世,他七年前因攻伐鲁国权臣季氏兵败而逃到齐国,实际上是被放逐而客死异乡;但季氏所为不仅得到鲁国人民赞成,而且诸侯也非常接受,完全没人予以谴责;对此晋国大臣赵简子颇有点不以为然,但晋国史官史墨却提出这样的解释:鲁国

---

[1] 夫君人者,其威大矣。失威而至于杀,其过多矣。且夫君也者,将牧民而正其邪者也,若君纵私回而弃民事……将安用之……美恶皆君之由,民何能为焉。

的君主好几代以来都施政错失，季氏却勤政爱民，国君早已经被鲁国人民抛诸脑后了，即使客死异乡也当然没人怜悯的[1]；更值得注意的是，史墨还认为这不是孤立事件："社稷无常奉，君臣无常位，自古以然。"

不要说以臣弑君，单是以下犯上，已经是任何一个政治体制都不能容忍的，现在不仅发生了，而且还有人认为理所当然；自西周建国封土立君，几百年间君权都是血缘世袭代代相传，这是君权正当性唯一的根据，现在难道已经不再如此了吗？

《史记·太史公自序》："春秋之中，弑君三十六，亡国五十二，诸侯奔走不得保其社稷者不可胜数。"这些肯定不是孤立事件，孔子一定有所耳闻，鲁昭公被逐客死异乡更是目见。孔子要如何应对？要坚持血统世袭，还是接受历史规律？

孔子四十岁前之所以有所困惑，而且是大惑，不是理所当然的吗？

---

[1] 鲁君世从其失，季氏世修其勤，民忘君矣，虽死于外，其谁矜之。

第四章 仁：一种道德情感

第四章 仁：一种道德情感

孔子困惑了四十年，他最后是怎样从这个困惑中走出来的？

要解决问题，首先就要知道这是一个什么问题，要对这问题的实质有清晰准确的了解。一般人都有惰性，只根据习惯做事，很少会思考为什么要这样做，就如《诗经·皇矣》所说"不识不知，顺帝之则"[1]，《诗经·假乐》所说"不愆不忘，率由旧章"[2]。这两段说的不仅适用于当时的人，也完全适用由古至今绝大部分的人；所以，正常情况下我们多半是不会觉得有什么问题的，直至有一天，一向的做法不再管用，一向遵循的规矩失去了可靠性，曾以为一定会产生的结果不再产生，我们才会发现出了问题；如果问题不是出在自己身上，而是涉及政治、经济、社会每一方面，那一定是极为严重的本质性问题，不先弄清楚那是什么问题，一切无从谈起。

孔子的解惑，是从这里开始的。

---

[1] 没怎样想过，只是顺从天帝的规矩。

[2] 不偏离，不忘记，完全根据旧有的章则。

4.1 重新思考现存制度

4.1.1 何谓"礼之本"

《史记·孔子世家》说孔子连嬉戏时候都喜欢摆些祭祀的道具,模仿大人行礼("孔子为儿嬉戏,常陈俎豆,设礼容"),可见孔子自小就对礼很感兴趣的。"陈俎豆,设礼容"还只是形式上的仪节,但现在连作为典章制度的大礼都已经完全变了样子了,怎么办?应该坚持传统,还是随俗从众去接受眼前的现实?无论是坚持传统还是随俗从众,都总要有些理由吧?在《论语·子罕》的一段对话中,孔子曾经就当时的礼冠用料和行礼方式作过讨论,提出因为什么,所以行礼方式要按照传统,因为什么,礼冠用料应该随俗从众。要找出礼的根据,也就是"礼之本",孔子的学生林放就为此提出过问题。

《论语·八佾》有这样一段记载:林放问,礼的本质是什么?孔子说,这是一个关键重要的问题呀!祭祀的时候,与其奢侈铺张不如简单俭朴,丧祭的时候,与其进行顺畅不如内心悲戚。[1]"大哉问"是带着赞叹的倒装句,直译出来是"很关键的呀,这个问题!"因为"礼之本"所涉及的是礼的

---

[1] 林放问礼之本。子曰:大哉问!礼,与其奢也,宁俭;丧,与其易也,宁戚。

本质、礼的根据、礼的功能。不过很可惜，孔子的回答恐怕是整部《论语》中最令人失望的一次，"与其奢侈铺张不如简单俭朴""与其进行顺畅不如内心悲戚"都只是进行丧祭之礼时应有的态度，不仅没有触及整个典章制度，甚至和丧祭之礼的本质、根据、功能也颇为疏离，成了"大哉问"之"小哉答"。

礼的本质是什么？不仅林放一个人关注，也是那个时代的有识之士的共同关注。《左传·昭公二十五年》中，晋国的赵简子和郑国的子大叔就此有一段很有名的对话，当时赵简子向子大叔询问行礼的规矩，如何揖让进退之类，子大叔却回答：这只是"仪"，不是"礼"，跟着引用子产的说法，指出礼是参照天地规律而定下来的行为准则，君臣、夫妇、父子、兄弟、姑嫂、甥舅以至政事民生日用等，都要循礼而行。[1]子大叔的回答从礼的举止、仪节转入礼的根据、功能，所考虑的已经是礼作为一种社会制度的本质了，那才真正是林放所期待的"大哉答"。

根据这种看法，礼是不可或缺的，因为礼为政治、社会、伦理提供了准则，使一切可以有秩序地运作，免除了纷

---

[1] 夫礼，天之经也，地之义也，民之行也。

争动乱。所以礼的本质就是人类社会的总体规范，由于这规范是参照天地规律订立的，所以具有合理性，这种合理性，古人称之为义。礼作为规范，是外在可见的，义这种合理性，则是内在潜存的；所以礼、义两者是形式和内容、表象和本质、行为和理据之间的关系，用比较传统的话来说，就是体用关系；礼义之间存在这种关系，是时人的普遍认识，看看和孔子约略同时的《左传》和《国语》就可以知道，先看《左传》：

义以出礼。（《桓公二年》）

礼以行义。（《僖公二十八年》）

义而行之，谓之德、礼。（《文公七年》）

义以处之，礼以行之。（《襄公十一年》）

仲尼闻之曰："……礼以行义。"（《成公二年》）

再看《国语》：

备其物，义也；从其等，礼也。（《晋语八》）

制之以义……行之以礼。（《楚语上》）

君子临政思义，饮食思礼。（《楚语下》）

成礼义，德之则也……行礼不疚，义也。(《周语上》)

奉义顺则谓之礼。(《周语中》)

礼之本就是义，这是很清楚的。在这方面，孔子虽然没对林放说明白，但肯定也有相同认识，上引《左传·成公二年》孔子指出"礼以行义"，这和"义以出礼"等说法实质相同，而且也和《论语·卫灵公》所说呼应("君子义以为质，礼以行之")；义（合理性）的表现就是礼（一定的行为模式），两者也是体用关系。

4.1.2 义的根据

到这里，孔子的惑似乎可以解开了，不论古礼今礼，能够符合义的就是好礼。但新问题立刻又出现了，什么才是义，什么才合理？子产坚持铸刑书，因为"吾以救世也"，救世当然合理，那么叔向认为刑法明文化会令人民不再理会礼，只根据刑法条文争个不休，引起更多问题，而反对铸刑书，是否就不合理？子大叔说"夫礼，天之经也，地之义也"，礼所反映的是天地的规律，真这样的话，恐怕没什么人敢说不合理，不过，正如《论语·阳货》中孔子所说"天何言哉"，天地从来就没告诉过我们它自己的规律是怎么样的（参下编 3.4），礼可以令君臣、夫妇、父子、兄弟、姑嫂、甥舅等都上下有序，各安其分去做事，一如日月星辰之各按规律运行，固然符合天地之道；不过，正如史墨所说的"社稷无常奉，君臣无常位"，国家的政权不会永远都属于一家；又如里革所说的，君主一定是犯了很多错误，臣下才会把他杀掉，何尝不合情合理？何以见得这就不是天地的规律？

如果你是孔子，你会怎么办？

4.2 孔子为什么要提出仁

孔子于是再进一步，替什么是义，替什么是合理，寻找更深一层的根据。更深一层有两个意思，第一，这是义的基础，是令义之所以为义，即合理合宜的根据；第二，这根据就存在于我们心中，是一般人都具有的自然而然的情感反应。这一深层根据，孔子称之为仁。

我们一般人或多或少都有这样的经验：在路上、在电视上看到有人意外受了伤，血肉模糊地躺着，心里就会觉得很不忍，很难受，看到医护人员救治时碰触到伤员的伤口，我们甚至好像感受到他们的痛楚；反过来，看到电视剧中一个自小离家出走，终日只知吸毒赌博酗酒的青少年最后幡然悔改，回归父母怀抱的时候，我们都会松一口气为这个大团圆结局而高兴。陌生路人的受伤、另一家庭的团聚，其中苦乐都是和我们自身利害毫无关系的，但我们往往也感同身受，随之或悲或喜；这些反应都是天生的，是自然而然的，绝不是后天教育的结果。

看到别人快乐自己也会快乐，看到别人痛苦自己也会痛苦，所以我们也希望别人得到快乐，免于痛苦；这种将心比心，是人的自然感情反应，这就是孔子所说的仁。不过老实说，孔子对仁的解释其实没那么清楚，我们之所以有这种了解，是依靠《孟子·公孙丑上》这有名的片段：

> 人皆有不忍人之心……所以谓人皆有不忍人之心者，今人乍见孺子将入于井，皆有怵惕恻隐之心；非所以内交于孺子之父母也，非所以要誉于乡党朋友也，非恶其声而然也。由是观之，无恻隐之心，非人也……人之有是四端也，犹其有四体也。[1]

---

[1] 人人都有不忍看别人受害的心肠……为什么这么说呢？譬如我们忽然见到一个小孩快要掉入井里，都会吓了一跳很不忍心。之所以有这种反应，并不是想和孩子的父母攀交情，也不是要博得亲朋邻里的赞赏，更不是怕会落得残忍的恶名。从这一点看来，没有哀怜悲悯之心，就算不上是人……一个人心里有这四种善端，就好像有四肢一样，是与生俱来的。

不忍人之心，即恻隐之心，也就是仁心。就孟子的论述分析，可以看到仁具有四个特点：

i. 人对别人的苦（乐）有所关切——"今人乍见孺子将入于井，皆有怵惕恻隐之心。"

ii. 这种关切人皆有之——"人皆有不忍人之心。"

iii. 这种关切与自身的利害不相涉——"非所以内交于孺子之父母也，非所以要誉于乡党朋友也，非恶其声而然也。"

iv. 这种关切属于人的本能——"人之有是四端也，犹其有四体也。"

人的这种特质，亚当·斯密（Adam Smith）称之为"同感"（sympathy），是一种"道德情感"（moral sentiment）。Sympathy 在今天的英语中表示同情怜悯之意，但亚当·斯密的 sympathy 含义更广，兼指正反两面的感同身受，别人快乐自己也快乐，别人痛苦自己也痛苦，苦乐兼顾，相当于 empathy，所以译为同感。为什么忽然间提到亚当·斯密？这绝不是挟洋自重；我们都知道亚当·斯密是现代经济学的鼻祖，以《国富论》一书开拓了学术上的一个新领域，不过，很多人忽略了他其实是苏格兰格拉斯哥大学的哲学教授，专业是道德哲学，他写的第一本也是最后一本书就是《道德情感论》（The Theory of Moral Sentiments，此书一般译为《道德情操论》，意有未安，因为主旨并非道德修养，而是探讨人类道德如何由人类情感衍生），为什么说此书是他第一本也是最后一本著作呢？第一本不用解释，之所以说是最后一本，因为先后出了六个版本，直至死前一两个星期亚当·斯密仍然念念不忘在修改，可说是他一生情志所系。《道德情感论》和孔子，和儒家有什么关系吗？有，而且很密切！我们看看这一段：

无论我们认为人如何自私，在他的人性之中显然具备某些本能，令他关心别人的福祉，视为对自己有所必要，尽管别人的幸福除了看着高兴之外对自己毫无好处。怜悯同情就是这种本能，这是面对别人不幸时所产生的感受，可以是亲眼看到也可以是绘声绘影地想象到；别人的悲苦会引起自己的悲苦，这一点是彰彰明甚无待证立的，这种情感一如人性中的其他原始情感，并非君子仁人才具备，虽然他们可能感受得最为深切，十恶不赦的流氓和作奸犯科的恶棍也不是全然不具备的。

我们刚才根据孟子的论述分析出仁的四个特点，这四个特点正是亚当·斯密在《道德情感论》书中所指出的人的特质，不仅一一对应，而且他视为重中之重，开宗明义就放在书中的第一章第一节第一段，以作为道德的基础。这既和孟子对仁的论述完全相同，也和孔子以仁作为他的道德思想核心一模一样，这只是英雄所见略同，纯出偶然吗？

恐怕不是！亚当·斯密生活的时代，欧洲正值中国热，儒家思想在欧洲知识分子间广为传扬，亚当·斯密也肯定对中国思想有所知晓；方豪在《中西交通史》中指出亚当·斯密在《国富论》书中应用的中国数据颇多；马维力（Lewis A. Maverick）所著《中国：欧洲的楷模》(*China: A Model for Europe*)更认为亚当·斯密的《道德情感论》可能受到孟子仁论的影响，可惜并无细说。不过我们可以从亚当·斯密的交游中找到不少踪迹，亚当·斯密的至交好友是休谟（David Hume）和魁奈（Francois de Quesnay），魁奈对中国文化非常向往，在所著《中华专制政体》(*Le Despotisme de la Chine*)书中对中国称誉不已："无可否认，这是我们所知寰宇最美，人口最多，最繁荣兴旺的王国。"（按：原为法文，据马维力英译《中华专制政体》第 1 章第 3 节第 165 页再译为中文）休谟在《人性论》(*A Treatise of Human Nature*)第 2 部 9 节更有一段耐人寻味的话："想想看，见有人睡在野地，快要给马踩着，就算素未谋面的我们也会立刻想救他一把。这是出于我们同感的本质。"其表述竟然几乎和孟子的"今人乍见孺子将入于井,皆有怵惕恻隐之心"一模一样。

在当时的社会氛围之中,在至交的影响之下,再加以所提论点和孟子的高度相似性,要说亚当·斯密提出"同感"不是出于儒家影响,实在是无法想象的。

不过,受儒家影响的绝不限于亚当·斯密,日韩学者何尝不受影响,而且从儒家所接受的恐怕更多,为什么特别把他提出来?因为亚当·斯密所用的"同感"一词可以说是"仁"的最佳对译,比孟子的恻隐之心更为全面;恻隐之心只表示对对方痛苦的同情,但同感还兼及分享对方的喜悦,"己所不欲,勿施于人"(《论语·卫灵公》)可以由恻隐之心引申得出,但"仁者,己欲立而立人,己欲达而达人"(《论语·雍也》)却是恻隐之心解释不了的;对"仁"的理解必须"苦乐与共"两方面都兼顾才算完备,而且人类这种心理特性有科学上的根据,虽然现在我们知道这是灵长类动物的共同特质。

《论语》中孔子对仁的清晰说明其实不多,说得最直接的段落大概是《论语·颜渊》"樊迟问仁"中孔子所回答的"爱人",但这表示仁者的特质是爱人?还是作为仁者就应该去爱人?而且何以会爱,何以应该爱,孔子更没有说明白;如果没有上面《孟子·公孙丑上》那一段,还不知要费多少周章。《礼记·中庸》"仁者,人也",意思是"仁"是人之所以为人的特质,但没说明这特质是什么;郑玄注:"人也,读如相人偶之人,以人意相存问之言。"指人与人之间的互相关切,才总算可以联系到心理上的苦乐与共,但始终不及亚当·斯密所用的"同感"那样明晰准确;而我们之所以引用这理论,关注点也不在于亚当·斯密,而在于借此更清晰地了解孔子的仁。

4.3 仁的本质是一种道德情感

把仁、把同感称之为"道德情感",尤其能够凸显儒家思想的特性,因为中国哲学可以被称为情本哲学。情,这里指的不是一般的情绪爱欲,而是理性之外、本然如此的情感反应。"情"这个字在古籍中是解作"实"的,与虚假、表象相对:

民之情伪,尽知之矣。[1](《左传·僖公二十八年》)

与人交,多诈伪无情实。[2](《管子·形势解》)

鲁有名而无情。[3](《左传·哀公八年》)

---

[1] 民众的真假完全清楚知道。

[2] 和别人交往,多是虚情假意,并非真心实意。

[3] 鲁国只是有名无实。

声闻过情，君子耻之。[1]（《孟子·离娄下》）

戴震《孟子字义疏证》把《孟子·告子上》"乃若其情"中的"情"解为"素也""实也"，指的就是本貌本质；甚至现代汉语中"情况"的"情"，代表的仍然是"本来样子""实质"这意思。

既然是本来样子、实质，受到重视是理所当然的，这可说是跨文化的倾向。佛教推重的真如、实如，指的就是本来样子、实质，甚至"如来佛祖"的"如来"，也是如所自来、本来如此的意思；西方哲学有所谓自然律，以天地本来的规律作为人类行为的准则；中国古代所说的真人、本心、本性、天性，其中对"本来"的尊重就更不用说了。

今天，"情"当然已经由"本来"转义为情感情绪；词义转变，在语言中很常见，但两义之间不会毫无关系，总是由一义引申至相关的另一义，"情"之可以由实质义而引申至情感义，可以这样看——在国人眼中，情就是实，情感就是本来如此的实质。情既然被视为本来实质，在中国伦理文化中，情便成了不可或缺的要素；这可以从最能反映一个民族

---

[1]"声闻"指名声，名过其实，君子以此为耻。

文化心态、价值取向的熟语中看出,做人处事要通情达理、情理兼顾、合情合理、不能不近人情等;我们今天所谓"无理要求",传统上则称为"不情之请",可说是以情为理。"通情达理"固然是"又要通情又要达理"的并列结构,但如果从深一层的文化特性看,更应该解读为"必先通情才能达理"的条件复句。

情本哲学就是根据人的自然感情反应而推衍出来的伦理原则。《论语·阳货》"宰我问三年之丧"是很多人都知道的例子。

  宰我问:"三年之丧,期已久矣。君子三年不为礼,礼必坏;三年不为乐,乐必崩。旧谷既没,新谷既升,钻燧改火,期可已矣。"子曰:"食夫稻,衣夫锦,于女安乎?"曰:"安。""女安则为之!夫君子之居丧,食旨不甘,闻乐不乐,居处不安,故不为也。今女安,则为之!"宰我出。子曰:"予之不仁也!子生三年,然后免于父母之怀。夫三年之丧,天下之通丧也。予也,有三年之爱于其父母乎?"

宰我认为三年之丧时间太长了,日常生活会很不方便,建议缩短为一年。孔子提出的第一个问题是:(父母去世未及三年）就享受华衣美食，你会觉得心安理得吗？所考虑的是人的自然情感反应；宰我回答没问题，孔子就说，如果你真的觉得心安理得，那就照你自己的感觉去做吧；这里所考虑的也是人的自然情感反应。

到了最后，孔子对宰我的评语不是"非礼"，而是"不仁"；这个不仁，不是今天一般所说不仁不义中的"不仁"，而是中医麻木不仁中的"不仁"，即（肌体）没有感觉；所以孔子对宰我的评价，准确来说不是批评，而是感慨——宰我怎么是没有感觉的呀！

肌体失去感觉固然是毛病，但如果心灵没有感觉则更可悲，因为这个人在道德意义上无法成为一个真正的人。想想看，如果有一个人对他人的苦乐毫无感受关切，譬如眼前是一群火灾灾民手脚焦烂，痛苦呻吟的样子，但他谈笑风生，若无其事，一般人都会对他产生由衷的厌恶，甚至觉得这个人很可怕，无论小偷还是强盗都不太会令我们产生同样强烈的反感。

情在儒家思想中占有核心地位，我们必须了解这一点，才可以解释一个细想起来令人困惑的问题——儒家对"天－道"的看法。《易·系辞下》曰"天地之大德曰生"，《尚书·汤诰》则有"天道福善祸淫"，一言以蔽之，就是在儒家眼中，天－道是与人为善的。

不过，什么是天？什么是天道？《孟子·万章上》说得很清楚："天不言"，这和《论语·阳货》中孔子所说的"天何言哉"完全是一贯的；苍苍者天，天只是青青蓝蓝的一片苍穹，从来都没有告诉我们它自己是什么样子，有什么本质，作什么要求。儒家认为"上天有好生之德"，时常以春夏万物萌发，生意盎然为例，好像说得很对；不过，秋冬千山落叶，大地萧条，又失去了多少万亿生命？天之生物，有生必有死，上天固然"好生"，但何尝不"好死"？

而且常识告诉我们，死亡其实是令生命得以永续的必要条件，因为如果一切都只生不死，大地很快就会挤满万亿生物，什么都不可能再活下去了！在伽利略《就两大世界体系对话》的首日部分，他好友撒基度就一语道破："一旦人类不朽，他们自己就永远不会来到这个世界。"而且，这种认识古已有之，两千年前，奥勒留在《沉思录》4.21 中已经有过同样的质疑：如果灵魂不灭，大气岂能尽纳？如果肉身不朽，大地何可兼容？因此，他在同书 7.40 中说"生命如熟穗，一定要割下，生一人，死一人"，因为"万物的朽腐是一切的基础"（同书 9.36）。转成文学意象，就是莎剧《罗密欧与朱丽叶》二场二幕（有版本作二场三幕）所言："大地，这自然之母，是她陵墓；而她埋身之地，是她母胎。"

西方如是，东方也一样，《庄子·山木》中所说的"无始而非卒也"（没有什么是只有开始而没有终结的），不仅说明了事理的必然，而且也指出了生命所必需。在印度教中，作为三大神之一的湿婆，既主创生，又主毁灭，把生灭连成一体，其中展现了既深睿又平实的智慧。《庄子·知北游》"生也死之徒，死也生之始"，以至《庄子·刻意》中的"吐故纳新"虽然说的是练气，也带有类似意思，生生死死，死死生生，循环不息，道家称之为"复"。

既然天地之道就是生死相继，互相依存，天地怎可能对其中一方有所好恶？《道德经》说"天地不仁"，这个"不仁"和孔子说宰我的"不仁"意思一样，即没有感觉。《荀子·天论》"天行有常，不为尧存，不为桀亡"，天地其实既不好生，也不好死，它只不过我行我素，循环往复而已。

既然如此，为什么儒家会说"上天有好生之德"，会认为天与人为善？因为，所有的天道都是人道，都是来自我们自己本性和愿望的投射；之所以说"上天有好生之德"，纯是因为"人"有好生之德。"仁"的恻隐之心令我们好万物之生，恶万物之死；同样道理，大自然中弱肉强食，适者生存，是完全不管所谓是非善恶的，之所以说"天道福善祸淫"，是因为我们"人"心中的是非感把人间社会所要求的

"善有善报，恶有恶报"搬到了天上而已。

费尔巴哈《基督教的本质》一书谓上帝是我们人类按照自己的理想形象而塑造的，这也完全适用于儒家，只要把其中的上帝改为天就可以。由人及天，以人为天，这绝非我们想象之辞，《孟子·尽心上》说"知其性则知天矣"，《礼记·中庸》说"天命之谓性"，把天命、性、道贯穿为一，都显出人心源于天道，或天道就是人心，内外一贯的观念；虽然 有像费尔巴哈那样明白说出由人及天，以人为天，但即人即天的意思也昭然若揭。西方其实也有类似看法，稍后于孟子的奥勒留在《沉思录》5.3 中说"要遵循一己的本性和（自然的）共性，它们是一而二，二而一的"。而在儒家思想中，"人"之为人，在于他的自然情感反应——情（又参下编1.1.1）。

无神论者，在国人眼中是个中性词，有人甚至觉得代表了进步开明，代表有科学头脑；但在英语中 atheist 却带有强烈的贬义，最初我对此很不解，后来才知道在西方文化中道德的来源是宗教，是上帝，无神论者就意味这个人没有道德感，贬义就是这样来的，罗素在《论天主教及新教怀疑论者》一文中说有一件事尽人皆知，乔治·艾略特（George Eliot）教导迈尔斯（F. W. H. Myers）说："没有上帝，但我们仍然要做好人"（there is no God, and yet we must be good），这在我们听起来实在稀松平常，而且理所当然，但以当时基督教社会而论，其实具有振聋发聩的革命性意义。尽管现在西方仍有传统宗教信仰的人已经大为减少，但 atheist 这个字词存留下来的贬义仍然没有消除。中国文化中的情，和西方宗教在伦理意义上的地位可以相比拟，所以在汉语中说一个人麻木不仁——没有感觉，也带有非常强烈的贬义。

4.4 仁的三个层次

仁是同感，最容易表现出来的是恻隐之心，不忍心看到别人受苦；看到一个小孩突然冲出马路，差点就给汽车撞倒了，我们的心吓得几乎要跳出来，这是孟子"今人乍见孺子将入于井"的现代版，几乎人人都有类似经验，无须多加解释。

不过，从这角度仔细看，孔子有些话是颇为费解的，如《论语·述而》中的"仁远乎哉！我欲仁，斯仁至矣"[1]。《孟子·公孙丑上》那一段清楚说明了同感是天生的，既然天生，那无论"欲"与不"欲"，"仁"都在那里，何须"欲"，然后"仁"才会到来？《论语·雍也》就说得更奇怪

---

[1] 仁难道是遥不可及的吗！只要你渴求仁，仁就会到来。

了:"回也,其心三月不违仁,其余则日月至焉而已矣。"[1]在未及得上"仁"的日子,难道其他人"乍见孺子将入于井"就不会有"怵惕恻隐之心"?

孔子口中的"仁",是不是还有另一种意义?

樊迟问仁。子曰:"爱人。"(《论语·颜渊》)

仲弓问仁。子曰:"己所不欲,勿施于人。"(《论语·颜渊》)

如果"仁"只是指"爱人"和"己所不欲,勿施于人"这种心态,那么即使三年不违仁也不会有任何难度,为什么只有颜回才可以三月不违仁?可见"仁"所要求的不仅是心态,而且还包括具体行动,一落实到具体行动,就要做出努力,要有所付出,这当然就不是人人都做得到了。再进一步,我们都听过"好心做坏事"这句话,不少时候即使有与人为善之心,而且也已经见诸行动,但也可能事与愿违,没能产生良好效果,不能真正加惠于人。

所以仁要从三个层面看:动机、行为、效果,可以分别

---

[1] 颜回这个人可以三个月都不违背仁,但其他人则只不过是间中及得上仁而已。

称之为仁心、仁行、仁功,也就是《孟子·公孙丑上》所说:"以不忍人之心,行不忍人之政,治天下可运之掌上。"[1]

关于仁心,上文通过对《孟子》和亚当·斯密《道德情感论》的讨论已经说得相当透彻,无须再说,以下要说的是仁行和仁功。

4.4.1 仁行

仁行这个层面的意义可以见之于颜回的"三月不违仁",因为仁心要实行出来,表现于具体行动,所以有一定难度,只有颜回才能连续坚持几个月。"我欲仁,斯仁至矣"中的"仁"也是指行动,只要愿意做就可以去做,但也要有这样的意欲才成;《论语·泰伯》有一段常为人引用的名言:"士不可以不弘毅,任重而道远。仁以为己任,不亦重乎?死而后已,不亦远乎?"其中的"仁以为己任……死而后已"也是仁行,因为要实行出来,所以才会"重",因为这种实践要至死不渝,所以才会"远"。

《孟子·离娄上》说:"今有仁心仁闻而民不被其泽,不可法于后世者,不行先王之道也",句中的"先王之道",指的就是仁行,指有些君主虽有仁心但不知道采取仁行。《论

---

[1] 用仁心去推行仁政,这样治理国家就会易如反掌。

语·微子》中又是另一种情况，子路说："君子之仕也，行其义也；道之不行，已知之矣。"[1]说的是虽然有仁心，也知道什么是仁行，但却推行不了。

4.4.2 仁功

至于仁功，表现得最清楚的是在孔子对管仲评价的问题上。

管仲辅助齐桓公称霸的故事我们都耳熟能详，早先齐国的公子纠和公子小白争夺齐国君位，管仲本来是辅助公子纠的，后来公子纠战败被杀，按照当时的道德标准，辅助公子纠的管仲是应该自杀殉主的（另一大臣召忽就真的这样做了），但管仲不仅没有殉死，而且转投到公子小白阵营，辅助后来的齐桓公称霸；齐桓公的霸业，主观上很可能只是要满足自己政治军事上的野心，追求齐国的荣光；但客观上也保护了华夏之地不受夷狄侵扰，霸业带来权威，可以无须通过征战而号令诸侯，保持稳定的"国际"秩序，带来长时间的繁荣，令平民百姓广受其惠。这令子路和子贡颇为困惑，管仲的行为符合不符合孔子对"仁"的要求呢？孔子师生之间的讨论见之于以下两段：

---

[1] 君子做官，为的只是履行人臣的义务；至于正道的推行，早就知道是做不到的了。

子路曰:"桓公杀公子纠,召忽死之,管仲不死,曰未仁乎?"子曰:"桓公九合诸侯,不以兵车,管仲之力也,如其仁!如其仁!"(《论语·宪问》)

子贡曰:"管仲非仁者与?桓公杀公子纠,不能死,又相之。"子曰:"管仲相桓公,霸诸侯,一匡天下,民到于今受其赐,微管仲,吾其被发左衽矣。岂若匹夫匹妇之为谅也,自经于沟渎而莫之知也。"(《论语·宪问》)

按《史记·管晏列传》,管仲年轻时和鲍叔牙合伙做生意,但分取利润的时候总是自己多拿一点;几次上战场,形势不利就逃跑,不肯作战到底;管仲虽然有一套说辞为自己辩解,但我们想想,如果有一个这样的朋友,我们会觉得这是个可靠的人吗?面对最关键的问题,也就是传统上的所谓"大节"时,管仲并没有为公子纠殉死,不过原因并不是要留下有用之身为天下百姓谋取福祉,而是"我不羞小节,而耻功名不显于天下"。

这是管仲的自白,显然他辅助齐桓公的种种作为,带来的种种好处,不是由于《孟子·公孙丑上》所说的"以不忍人之心,行不忍人之政",而只是追求自己的成功,管仲所为显然不是出于仁心,但他所做的却可以说是仁行,而且产生了仁功；孔子就是在这个层次上把管仲称之为"仁"的。

4.4.3 三个层次的离合

最理想的情况当然是出于仁心，实践仁行，达致仁功。但现实当然不会这样理想，以下是我们在历史上看到的几种情况：

i. 上文说郑国的子产推行新政改革，目的是改善民生，虽然最初民众不理解而大加反对，但他的新政显然是合理可行的，所以三年之后就见到成效，广受民众欢迎；可说是出于仁心，实践仁行，达致仁功的最佳例子。

ii. 管仲并没有想过如何造福百姓，他只不过是为自己建功立业考虑而已；但《史记·管晏列传》中说他基于"仓廪实而知礼节，衣食足而知荣辱"的原理，按照"通货积财，富国强兵，与俗同好恶"的原则推行政策，所以不仅令齐国富强，而且全天下也是"民到于今受其赐"，可说是不由仁心，但实践仁行，也达到了仁功。朱熹论及此时，这样说："这只是仁之功，终无拯民涂炭之心，谓之行仁则不可。"（《朱子语类》卷五十三《孟子三·公孙丑上》）

iii. 王莽虽然传统上被视为乱臣贼子，但今天看来他其实只是个用心良好，但不通世务的书呆子，他仿照《周礼》进行改革，把耕地重新分配，恢复井田制，把冶铁、煮盐、酿酒、造币等特许权收归国有，种种措施都脱离了当时的实际环境，违反经济发展规律，最后弄得民怨沸腾，惨败收场。王莽是出于仁心，但并非仁行，也不达仁功。

iv. 王安石为官廉洁，勤政爱民，他在熙宁年间推行的新政，如青苗法、免役法、方田均税法、保甲法都曾经在他主政鄞县时有过成功推行的实迹，不是王莽那样只知胡乱复古；后来失败有种种原因，既由王安石个人性格使然，也有用人不当推行欠妥的问题，更离不开与当时利益集团的矛盾；可以说，王安石是出于仁心，实践仁行，但不达仁功。

阳明派的薛侃对此有一个很好的概括："夫义固常在，利固常行。尊周非义乎？以其为己则霸矣。好货非利乎？以其同民则王矣。"（《明儒学案》卷三十）

朱熹也不是不知道这个道理，他认为齐桓公的施政只是在效果上有仁功，但在动机上却不是出于关怀百姓而推行；可以这样看，朱熹的"行仁"是一定要连带动机来说的。

了解《论语》中的"仁"有三个层面之后，虽然仍然留下一些疑团未解，但已经可以消除我们以前读《论语》时的不少困惑。最明显的一个例子是，仁究竟是否与智、勇处于并列的关系？还是仁之中已经包含了智、勇？

《论语·子罕》和《论语·宪问》中，虽然次序稍有不同，都有知者不惑、仁者不忧、勇者不惧这说法，智仁勇三分，这是很清楚的。不过，《论语·子罕》又说"仁者必有勇，勇者不必有仁"，似乎"仁"已经包含了"勇"；此外《论语·公冶长》中子张问孔子，令尹子文和陈文子两人可否算得上"仁"？孔子虽然称赞前者"忠"，后者"清"，但最后都加上一句："未知，焉得仁"[1]，似乎"仁"又要包含"知"。这样知仁勇又合而为一，完全归于"仁"了。

再加上上面提过的"仁远乎哉！我欲仁，斯仁至矣"（《论语·述而》），把"仁"说得很轻巧，但《论语·雍也》中的"回也，其心三月不违仁，其余则日月至焉而已矣"，又把"仁"说得很艰难，这样说来说去，真的把人搞得头昏脑胀。如果了解孔子其实是在不同的层次上说"仁"，刚才的困惑就可以解开了，"仁者必有勇"可以理解为有仁心的人必须有勇气，否则就无法实践仁行，达至仁功（也可以有另外一种理解，见下文）；"未知，焉得仁"也是一样，缺乏智慧，就不能判断什么是有益于人的仁行，当然也就不能达致仁功了。

---

[1] 他们的行为"不智"，怎么算得上是"仁"呢。

第五章　推己之谓恕

5.1 恕——以己度人，推己及人

仁是人之为人的特质，这种特质是内在的，可以称之为仁心，有仁心固然重要，但如果只有仁心而无仁行，对社会也不能有所裨益，所以一定要令仁心见诸行动，作为做人处事的原则才会产生实际效果；朱熹在《论语·学而》第二章注解下说"仁者，爱之理，心之德也"，指出仁是心的本质，是对人关爱的原因，解得非常贴切。"爱人"简单来说是希望他人得到快乐，免于受苦。但一如《庄子·秋水》"子非鱼，安知鱼之乐"所说，我们其实无法真正知道别人的苦乐感受为何，因此，对别人的关爱只能基于一个假定——别人的苦乐感受与自己的基本相同，《中庸》引《诗经·伐柯》举了一个形象化的例子：如果要砍根木头作为斧头柄，照着你自己手中斧柄的长短砍就差不多了。[1] 这和《论语·雍也》"能近取譬"（以自身作为参照点）是同一个意思。

---

[1] 伐柯伐柯，其则不远。

以自身作为参照点就是儒家的"恕",《论语·卫灵公》中子贡问孔子"有一言而可以终身行之者乎",孔子的回答是:"其恕乎!己所不欲,勿施于人。"恕不是指宽恕,而是唐代贾公彦在《周礼义疏·地官·大司徒》中所注的"如心"——如己之心,即将心比心,按自己的感觉需要推想别人的感觉需要;所以,你不想要别人怎样对你,你也不要这样对人,这是消极一面的提法;转为积极一面,就是你想要别人怎样对你,你也应该这样对人,也就是《论语·雍也》所说的"夫仁者,己欲立而立人,己欲达而达人",这和《新约·路加福音》6.31的说法差不多一样:你们想要人怎样待你们,你们也要怎样待人。一是"己所不欲",另一是"己所欲",前者希望别人免于痛苦,后者希望别人得到快乐,是同一种态度的反说正说,实质相同;以仁为体,以恕为用,两者之间是体用关系。仁、恕密不可分的关系在《论语》中表述得很明确,"己所不欲,勿施于人"这两句,除了在《卫灵公》中用来说明"恕"之外,也在《颜渊》仲弓问仁这一段中用来说明怎样去实践"仁"。

5.2 推己及人,推的是哪一个"己"

　　没有实践出来的"用","体"无论如何美好也是空谈,所以虽然"恕"字在论语中只出现了两次,但孔子却视之为应该"终身行之"的最重要原则,《论语·里仁》中孔子对曾参说:"曾参呀,我做人处事终生都只是遵循着一个原则。"跟着曾参对这个原则加以说明:"老师的做人原则就是忠和恕罢了。"[1]

"参"是曾子,"一以贯之"也就是"终生行之",孔子最初没说明白他的"道"是什么,曾子补充是忠、恕二者。那"恕"之外岂不是多了一个"忠"出来?没错,而且这个"忠"还带出了一个非常重要的问题;对这一句,朱熹《四书集注》是这样解释的:"尽己之谓忠,推己之谓恕。""推己之谓恕"是将心比心,前文已反复说过不用再说了,但所推的是一个怎么样的"己"?也就是说,用一个怎样的"己"作为推测别人喜欢什么、讨厌什么的标准?朱熹说:要"尽己"——一个忠于自我的"己",一个毫无隐藏,真实内在的"己"(这种说法来自三国时代王弼在《周易注》中所说的"忠者,情之尽也");说得很好,但问题跟着来了,因为"人心之不同,如其面焉",你这个真实内在的"己"和我这个真实内在的"己"以至其他一个个都是真实内在的

---

[1] 曰:"参乎!吾道一以贯之。"……曾子曰:"夫子之道,忠恕而已矣。"

"己",不可能相同,应该以哪一个"己"为是?孔子就在4.3提过的《论语·阳货》宰我问三年之丧这问题上碰过钉子。

宰我基于日常生活的需要,认为三年之丧太长了,提议缩短为一年;孔子反问:一年之后就穿得好,食得好,你会觉得心安理得吗?("于女安乎?")孔子当然是将心比心,认为总不可能心安理得的,怎知宰我却回答:没问题呀!这个回答,也很可能是来自宰我那个毫无隐藏、真实内在的自我;按照以己度人的恕道原则,孔子这时就只能说:你觉得没问题就这样做吧。("女安则为之。")再进一步,如果由宰我根据自己的情感反应去决定丧礼长短,那是不是就应该把父母之丧定为一年?按"推己及人""女安则为之"的原则推展下去,其实连礼都不可能制度化。因为每个"己"既不相同,每个"安"的标准也自然随之有异;宰我可以在父母去世后一年就免于悲戚,与此相反的是,《礼记·檀弓上》记载,孔子的儿子伯鱼"期而犹哭",在母亲死去一年之后还很悲伤(伯鱼的母亲和孔子离异,按当时礼制,儿子只应该守丧一年);完全按照推"己"及人原则的话,服丧或短或长会根据不同的"己"而不同,这样一来,为丧制定下斩衰、齐衰、大功、小功、缌麻等五服又有何意义?

丧制是礼制之一,而且是儒家非常重视的礼制,如果连丧期长短都可以根据不同的"己"而改变，那其他礼制又何尝不可？《论语·八佾》中孔子对季氏以大夫身份而僭用"八佾"这天子之舞非常不满，其实这舞制不过排场大一点，也可能浪费一点而已，对其他人不会造成任何损害，如果季氏回答"予安故为之"，而且愿意推己及人——我觉得心安理得，没问题呀，如果其他人照样用八佾之舞，我也不会反对的，孔子又如何反驳？把推己及人的恕道贯彻下去，是和制度化、标准化的礼互相矛盾的；明代王学左派蔑视礼法、率性而行可以说是"女安则为之"极端化的结果。因此，原则上非常合理的恕道，在操作上却是问题连连，难以实行的。

假如你是孔子，你会怎么样？

5.3 君子之"己"

解决的方法只有一个，即在原则和实践之间找到一个连通点，令恕道变得可行，从孔子的实际行事看，他其实找到了，不过一如以往，没有说出来，我们还是要靠孔门后学替他作出补充。

《礼记·三年问》和《荀子·礼论》都有一句极重要的话："称情而立文。""称情"是符合人的自然情感反应，"立文"是制定仪文礼节，这虽然是就三年之丧而说，但其实一语道出了礼的精神，可以贯彻于一切的礼；也就是说，礼——典章制度，在古人眼中是一种根据人的自然情感反应而加以制度化、标准化的体系。

不过，这种"情"显然不是指所有人的"情"，而是要符合一定要求的。《礼记·檀弓下》反对完全放任的"直情"和纯粹根据感情去做事的"径行"，视之为未开化、不文明的蛮夷行为[1]；同一章内中更说过，礼对情感有时要加以压抑节制[2]，所以郑注用"节哭踊"去批注；可见"称情"中的"情"是有选择性的，并非任何人的自然情感。从这个角度去看，孔子的"女安则为之"一语也应该作这样理解，"安"是特定的人的"安"，不是任何人的"安"，虽然孔子并没有说清楚，但整本《论语》中他都努力训诫学生做君子，所以这种"安"当是君子阶层的"安"，"安"或不"安"所根据的也是君子阶层（贤士大夫，见第七章）一般的情感反应，就此，刘向《说苑·修文》有一很有参考价值，虽然也很可能是虚构的故事：孔子的学生子夏和闵子骞先后为父母守丧三年，除丧之后再去见孔子。孔子叫他们弹琴，子夏的琴音愉悦，但闵子骞的则悲戚，显然子夏未到三年已经不再感到丧

---

[1] 直情而径行者，戎狄之道也。
[2] 礼，有微情者。

亲之痛，但闵子骞则依然没能忘怀，但他们不多不少都守丧三年，孔子称赞两人都是君子；子贡觉得两人刚好相反，但孔子都加以赞许，问是什么道理，孔子说，因为前者能够用礼去要求自己，后者能够用礼去节制自己。

所谓过犹不及，闵子骞的"过"，子夏的"不及"，前者要节制，后者要加强，这样才合乎礼，才是君子之道；倒过来看，虽然逻辑上没有必然关系，也可以说礼制把父母之丧定为三年是以一般君子的情感反应为根据的。因此，"己所不欲"以及"己欲立／己欲达"的"己"不应该理解为所有人的"己"，而是理想化了的、有典型意义的君子之"己"，这与真实意义上的个人之"己"是有所区别的，可以分别称之为"君子之己"与"个人之己"。

这两个"己"当然也可以重合，只要这个人也是君子。孔子说"己所不欲"以及"己欲立／己欲达"的时候，应当是夫子自道，由于孔子是君子，所以这个"个人之己"也同时是"君子之己"，这样具体操作上就具有现成的、可以引以为据的参照标准。但如果某个"个人"还未成为君子，那么这个"己"不仅不能引以为根据，而且还要加以锻炼改造，于是才有《论语·颜渊》"克己复礼为仁"的训诲，句中的"己"显然是有问题的，否则就无须"克"了，既然有问题，也就当然不能以之为根据。请注意，"克己复礼为仁"不能理解为"克己复礼就是仁"；其中的"为"字，是修持培养的意思，不是系词"是"，因为下文跟着就说"为仁由己，而由人乎哉"[1]，而"为仁由己"是完全不可能解作"是仁由己"的。这个"己"必须是一个已经"复礼为仁"的"己"，才可以作为参照点。

5.4 常人之"己"

不过还要注意，即使是能够克己复礼的"君子之己"，也有一定要求，不能一概而论，《孟子·滕文公下》有一段文字很引人深思，其中说的是陈仲子，陈仲子是战国时代知名的隐士，孟子誉之为齐国首屈一指的巨擘，不少古籍如《荀子·非十二子》及《战国策·齐策》都提到过。他极度洁身自爱，而且具有异乎寻常的自制能力；他兄长是齐国高官，但他觉得其兄所为"不义"，所以不肯在兄长家中居住，甚至连对（住在兄长家中的）母亲也避不见面，独自住在於陵，有一次穷得没东西吃，几乎饿死，在克己复礼方面做得很充分。但孟子指出，这种做法并不可取，因为这也不碰，

---

[1] 仁的修持培养一定要靠自己，难道可以由别人替你做的吗？

那也不碰,就什么事都做不了,除非可以像蚯蚓一样吃泥巴,否则怎么可以过活?

其实孔子早就不赞成这种态度,《论语·宪问》中有这样的对话:

"克、伐、怨、欲不行焉,可以为仁矣?"子曰:"可以为难矣;仁,则吾不知也。"[1]

为什么孔子会这样说?这一点显然程颐、朱熹都不明白,朱熹只能够在《四书集注》中不着边际地说了几句,程颐很有意思,他说原宪应该再问下去;显然他很希望原宪再问下去让孔子把答案说明白;直到清代焦循《论语补疏》才从"己欲立／己欲达"的角度提出透辟的解释,他首先引用了《吕览·察微》两个多半也是虚构出来的故事:

某次鲁国有人被俘虏,子贡去把人赎回来后不肯接受金钱答谢;孔子说:子贡这样做不对啊!鲁国以后就没人会去赎人了,接受答谢才不会影响赎人的行为。另一次,子路救了一个遇溺者,那人送了头牛作为答谢,子路接受了;孔子

---

[1] (原宪问孔子)"把好胜、自夸、怨恨、欲望等都排除掉,这样可以培养仁德吗?"孔子回答:"能够做到这样很不容易,但仁德恐怕就培养不了。"

说：鲁人以后就会去救人了！

这和《朱子治家格言》所说的"善欲人见，不是真善"看起来相反，但其实只是从不同的角度着眼。从个人动机看，沽名钓誉当然有欠真诚，但在客观效果上，让别人知道做好事有好报，会鼓励更多人做好事，产生更大的社会效益；这和英语常说的"公义一定要得到实现，而且也要让人看到其实现"（justice must be done and be seen）用意一样；纯粹为善心做善事当然很高尚，但这样的人不多，一般人往往是得好报才去做善事，只要那些好报并不违反道德就可以了，"做好事得好报"倒过来就是"得好报做好事"，后者在社会教化的作用上远为切实可行；高明的教授、优秀的医生往往会选择工资高、待遇好的机构服务，难道这些教授医生都不可取？但更精彩的是焦循随后提出的分析：

孟子说，周朝的先祖公刘很贪财，而周文王的父亲太王很好色，但他们（参照自己的需要）也让百姓满足同样的需要，所以人民富足，没有娶不到老婆的男人，没有嫁不到丈夫的女人……这就是"己欲立而立人，己欲达而达人"的真义。那些把好胜、自夸、怨怼、欲望都排除掉，洁身自爱到苦不堪言的人，孔子是不会认可的；不如以自己所好去推想别人所好，以自己所恶推想别人所恶，以自己为参照点去满足别人，这不难做到，就可以达致仁道了。如果禁绝自己一切欲望，结果令天下人的欲望也得不到满足，那就不是行仁之道了。[1]

焦循指出了"君子之己"中的"己"必须是个有正常欲望需要的人，这样的推"己"及人才能令他人也得到合理的满足，才是真正的仁道。这和英国哲学家罗素在《我所相信的》一书"美好生活"节中的想法很接近："世间任何美好生活（good life）都应该包括一些动物性精力和动物性本能（animal vitality and animal instinct），否则生命就会死气沉沉；人类的文明应该在这些精力本能之上起作用，而不是取而代之；禁欲避世的圣人，在这个意义上都是残缺的人，有几个可能会令社会更为美好，但如果人人都这样，那闷都闷死了。"

以己度人其实是人类的共通习惯，英尺叫 foot，指的就是脚掌长短，不少史料都显示英寸 inch 来自大拇指的宽度；但谁都知道不同的人脚掌有长短，拇指有宽窄，所以最后也必须根据某个标准确定下来，据说今天的英尺，就是以 12 世

---

[1] 故克伐怨欲不行，苦心洁身之士，孔子所不取。不如因己之欲，推以知人之欲。即因己之不欲，推以知人之不欲。絜矩取譬，事不难，而仁已至矣。绝己之欲，而不能通天下之志，非所以为仁也。

纪英王亨利一世的脚掌长度为准的。

　　由于《论语》一书的性质，书中孔子对作为"仁"参照点的"己"如何设定其实没有做过系统论述，以上只能通对《论语》和相关儒家著作的梳理找出背后的脉络。

　　这里，我们可以再提一提亚当·斯密的《道德情感论》，一如前述，这书很可能是在儒学启发下有意识地构建的道德体系。书中他把"同感"称为道德情感，以之作为人类道德的根源，既然是"同感"，那么这"感"要和什么"同"起来，自然成了核心问题，也自然和孔子的"己"脱不了关系。有趣的是，在字面上亚当·斯密的提法却刚好相反，他把孔子称之为"己"的称为"旁观者"（spectator），不过所谓旁观者，真正的意思是"利益不相涉"——不因个人利害考虑而有所影响；而且也一如孔子的"己"，这个旁观者也不是随便指任何一个人，因为看到别人吃苦受难，心生怜悯的固然大不乏人，但幸灾乐祸的也未尝没有，这样的旁观者当然不可能作为参照标准。亚当·斯密显然很了解这一点，所以书中不时用上"大部分人"（the greater part of mankind 或 the bulk of mankind）这说法，但与此同时，他又会说"每一个人"（everybody 或 every human heart），严格而言，两种提法是有矛盾的，如果真的人人如此，那么说"大部分人"就是不恰当的，反之亦然。因此，这里的"每一个人"也只能从理想化的典型意义理解，一如儒家的"君子"。亚当·斯密也明白这一点，因此有时就用更准确的提法："每个不偏不倚的旁观者"（every impartial spectator）、"每个通情达理的人"（every reasonable man）、"每个不涉个人利害的旁人"（every indifferent by-stander），无论用字是否严谨，旁观者这提法是要指出两点：一是关心别人苦乐和自己的利害无关，二是旁观者是个合情合理的人。这种想法，他的好友休谟在《道德原则研究》（*An Enquiry Concerning the Principles of Morals*）第9部分说得更清楚："（当谈到道德而非个人利害[self-love]的时候，）他一定要脱离个人的特定立场，而选取一个人我共通的角度，按照人类的框架（frame）联系到某些普世原则，他所按动的琴弦，要与全人类和谐共鸣。"

可以说，一如孔子的"己"，亚当·斯密也有两个"我"，一是考虑现实利害的"我"，另一是考虑是非善恶的旁观者之"我"；旁观者其实是减除了功利之"我"后的道德之"我"。在这意义上，旁观者其实并不外在，更非旁观，如果再加上不偏不倚、通情达理等要求，那就和孔子的君子之"己"毫无分别了。

5.5 己所欲，施于人乎

这里还要谈到一个很重要但也是很多人忽略了的问题，"己所不欲，勿施于人"这句话可否逆推为"己所欲，施于人"？也就是说"己欲立而立人，己欲达而达人"应该如何理解？是"我希望做的，也让你有机会做"，还是"我希望做的，你也一定要做"？

"我希望做的，你也一定要做"是导致澳大利亚出现被盗走的世代（The Stolen Generation）的原因；澳大利亚各州政府在1905至1967年间先后推出政策，由政府或教会把毛利土著或毛白混血小孩强行带走（或欺骗，或威吓，或父母在不知情情况下"自愿"送走），放在白人家庭养育。这个政策之所以出现，是因为有些人担心土著族群人口萎缩，难以继续存在，要加以保护；另一些人则是担心毛利文化会对白人主流文化的稳定性造成不良影响，让毛利或混血小孩在白人家庭生活，可以方便同化他们融入白人社会；政府就此还设立了一个"土著保护局"，主其事者称为"土著保护官"。总而言之，就是"我这样做，是为你好"。

英国诗人吉卜林（Rudyard Kipling）在1899年所写的《白人的承担》（The White Man's Burden）是这种心态最清楚

的表达；该诗是为鼓吹美国占领菲律宾进行殖民统治而写的，一开首就是"肩负起白种人的承担吧，派出你最优秀的儿女"；不过，占领殖民地的目的绝不是要高高在上做统治者，而是要远赴异域，不避危难，刻苦辛勤地为所俘虏的人服务，为他们的利益工作；尽管对方面带怒容，也不用理会，因为这些人半是魔鬼半是小孩（half devil and half child），文明高尚的白种人必须把自己的优秀文化带给落后民族，将他们从不文明之中解救出来，这是白种人要承担的使命。

帝国主义者、殖民主义者看到这首诗当然如获至宝，由此他们的高压逼迫可以得到最冠冕堂皇的理由。不过在诗人心中，恐怕真的是以为"我这样做，是为你好"。

殖民主义时代这种狂妄野蛮、残忍粗暴的做法我们今天当然不会再看到，不过，"我这样做，是为你好"而强人同己的形式却仍然存在；认为自己的价值观最正确，自己的制度最优越，不仅最正确最优越，而且更是唯一可以容许的，所以任何人都必须接受，必要时甚至不惜祭出抨击、制裁、干预各种手段；再拉开一点，今天某些父母不顾儿女反对，强行为他们选择专业，选择工作，选择配偶，背后的思维也完全一样。

5.6 孔子如何推己及人

孔子的"己欲立而立人,己欲达而达人"是不是这个意思?可惜一如其他问题,孔子自己也没有说清楚,不过,我们却不难从他以下的行事中看到端倪。

5.6.1 不强人同己

儒家是非常重视造福人民百姓的,而在孔子心目中,最佳办法就是在朝廷中出仕做官,《论语·微子》有这样的话:"不仕无义",意思为不出仕做官是有违道义的(参下文9.4)。虽然这出自子路之口,但显然也代表了孔子乃至儒家的基本态度。据《论语·阳货》记载,佛肸、公山弗扰都是乱臣贼子,但他们想起用孔子之时,孔子依然跃跃欲试,其中一次孔子还向子路解释:我难道是葫芦瓜吗?怎么能干挂在墙上不煮来吃!《孟子·滕文公下》更说:"孔子三月无君,则皇皇如也,出疆必载质。"[1]可见他出仕做官的心愿多么急切!

当然,孔子这样做不是贪恋权位,而是因为不出仕就难以一展抱负以造福人民百姓,孔子是一个有很强服务精神与使命感的人,所以在《论语》中他多次要求学生做君子。必

---

[1] 孔子如果三个月都找不到任用他的君主,就会惶惶不可终日,出国时车上都会带着呈献的礼物以便找寻机会。

须注意，《论语》中的君子不是"好人"那么简单，指的是"好官"，也就是贤士大夫（参第七章）；不过，他的得意弟子之一子贡后来却不肯做官，而去做生意；《论语·先进》中孔子说："赐不受命，而货殖焉，亿则屡中。"[1]"赐"就是子贡，"不受命"有两种说法，一是不接受天命，也就是不肯履行一个士人的天职，另一是不肯接受自己的指令；不过无论哪一个意思，都表示子贡没有做到孔子心目认为应该要做的；说这话时孔子可能觉得有点可惜，有点遗憾，但他完全没有对子贡进行谴责，反而称赞他做生意做得很精明。

孔子没有强人同己。同样的态度也在他遇到楚狂、长沮、桀溺时表现出来，孔子与三人的相遇见于《论语·微子》，从对话中可以看出三位都是有识之士，也就是可以服务苍生百姓的人才，但他们都不肯出仕，反而劝孔子避世隐居，显然双方是"道不同"；但孔子并没有责难他们浪费生命，更没有像赵威后对陈仲子那样大加挞伐，只是怃然慨叹："鸟兽不可与同群，吾非斯人之徒与而谁与？"[2]

孔子当然对很多事物都有立场，都有看法，但他也同时保持非常开放的态度，尊重不同意见、不同取向，这在对待

---

[1] 子贡不肯"受命"，去了做生意，他推断货价的涨落多半准确。

[2] 我不能与鸟兽为伍呀！我不与人为伍又能与什么为伍呢？

武王伐纣和伯夷叔齐的事件上可以清楚表现出来。西周是孔子认为最完美的朝代，《论语·泰伯》中称誉为"周之德，其可谓至德也已矣"，《论语·子张》中更通过子贡之口指出"文武之道"是他学习的主要对象；不过，西周之得以建立，却要靠武王伐纣，而伯夷、叔齐却是反对武王伐纣的；孔子不仅对伯夷、叔齐不加非议，反而在《论语·述而》中称之为"求仁得仁"的"古之贤人"；周武王和伯夷、叔齐两者立场相反，但孔子同样赞许，这和孔子与楚狂、长沮、桀溺虽然"道不同"，但对之仍然不加排斥的态度是一贯的。

5.6.2 从不道德虚无

不过，这绝不意味着孔子是一个无可无不可的人，在殉葬这问题上我们可以看出来。殉葬是当时还残留的陋习，《诗经·黄鸟》就是哀悼秦穆公强逼"三良"殉葬而写的，时代比孔子早不到一个世纪；《礼记·檀弓下》更记载陈乾昔死前要求儿子用两个婢女殉葬，他儿子基于"以殉葬，非礼也"而没有遵从。不遵父命，《礼记》不仅没有视之为不孝，而且加以非常正面的认可，可见这是儒家的基本态度；这态度是否出于孔子无法确知，但《孟子·梁惠王上》中载有孔子咒骂首创用人俑陪葬的人，要他们绝子绝孙（"始作俑者，其无后乎"），可见孔子对这种行为的厌恶，用像人的陶俑陪葬，孔子已经不能忍受，当然更不会接受用真人陪葬，在这问题上，孔子绝对不是无可无不可的。

无独有偶，我们也可以用印度以寡妇殉葬的陋俗作参照。寡妇殉夫，在印度称为 sati，原意是净化贞洁，已经有千百年历史，本来出于自愿，后来却成为强迫性的残忍行为，16 世纪莫卧儿帝国就已经下令禁止，但始终禁而不绝。后来英国占领印度，英国殖民者向来是非常"聪明"的，施政原则是：除非会对殖民统治造成妨碍，否则当地的传统风俗习惯可以保留，香港 1971 年之前还可以根据《大清律例》纳妾，就是其中一个例子；所以，英国殖民者最初还对逼使寡妇殉夫这种行为加以容忍，后来可能觉得实在是太残忍了，所以 1829 年印度总督班廷克（William Bentinck）立法禁止，1850 年纳皮尔爵士（Sir Charles Napier）更下令对烧死寡妇者处绞；当时据说有这样的对答，支持维持旧俗的人辩称"这是印度的风俗习尚"，纳皮尔爵士回应："我们文化的风俗习尚是，把烧死寡妇的人吊死。"

俗谚有所谓"大丈夫有所为，有所不为"，君子当然也应该"有所可，有所不可"，在武王伐纣一事上，孔子对周武王、伯夷叔齐两者皆可，在进取入世与离群索居之间，孔子认为自己与楚狂、长沮、桀溺的态度也是两者皆可；不过，以人为殉这种残忍至极的行为则是万万不可的，这绝不能用时代不同、文化不同来辩护；在某些问题上，什么时代、什么文化都一样，就如亚里士多德在《尼各马可伦理学》5书7章所说："基于自然的在任何地方都同样有效，不因我们接受与否而改变——就好像火，在这里也好，在波斯也好，都同样烧起来。"

至于什么属于可，什么属于不可，什么可以各言其志，什么要强人从己，孔子没有说清楚；不过我们可以做一个合理的推断，当涉及较先进道德体系中的最基本假定——"生命神圣"（sanctity of life）的时候，就只能够有一个"放诸四海而皆准"（《礼记·祭义》）的标准，君子必须根据这个"己"去推己及人。

第六章 仁、义、礼一以贯之

6.1 以仁为起点

孔子哲学思想之所以以"仁"为核心，应该和他的个人性格有密切关系，《论语》中关于孔子性格的描写虽然不多，但加上其他古籍记载，可以看到他是一个生性敏感、情感丰富、充满同情心的人。《论语·先进》说颜渊去世之时，孔子哭得死去活来（"子哭之恸"）；《礼记·檀弓上》记载，当听到子路死于卫国内乱的消息，"孔子哭子路于中庭"，知道子路被剁成肉泥，就连正吃着的肉酱也不吃了。

颜渊、子路都是孔子最欣赏最亲近的人，闻其死讯而悲伤当然很容易理解；不过，《礼记·檀弓下》还有这样的片段：孔子养的狗死了，让子贡把狗埋掉，但不是简单地在地上挖个洞丢进去。孔子说：我听人说过，帷幕破旧了不要丢掉，可以用来葬马，车盖破旧了也不要丢掉，可以用来葬狗；我没什么钱，用不起车盖，就用草席吧，总之不要让狗的脑袋就这样埋在土里[1]。连一只狗，孔子都不忍心看着就这

---

[1] 亦予之席，毋使其首陷焉。

样埋在地里，可见他对生命的爱惜。

第五章说过孔子骂首创用俑陪葬的人要绝子绝孙；用假人陪葬他都不能忍受，当然就更不忍心看到对活人的残酷了，孔子弟子之所以不约而同问孔子某某算不算得上"仁"，显而易见"仁"就是孔子评价一个人最重要的标准。

6.2 以仁为终点乎

用"仁"作为道德体系的起点没问题，不过，是否可以就用"仁"作为道德体系的终点？一如朱熹《论语集注·颜渊》所说，视之为"本心之全德"？当然，如果说"仁"什么都包括，"仁"就是美善，就是道德，那自然可以，但这样一来，那"仁"的意义就含混笼统到等于什么也没说了。

在上文 4.2 中我们对"仁"的特质作过分析，就是同感，同感表现在行为上是"己所不欲，勿施于人"和"己欲立而立人，己欲达而达人"，简言之，就是推己及人，以自己为参照点去对待别人，我想／不想怎么样，就令别人也这样；按理，推己及人最极端情况也不外是"爱人如己"，即使我们基于仁心，实践仁行，要达致仁功，也不可能出现"爱人逾己"的情况。

不过，这样就有点奇怪了，《论语·卫灵公》指出"志士仁人，无求生以害仁，有杀身以成仁"；志士仁人可以为"仁"而牺牲自己，实际上已经是爱别人超过爱自己，所以才会出现为别人牺牲的义举（这里的所谓"别人"，也包括理想、原则、责任之类），"我不想这件事发生在你的身上，那就不如发生在我身上吧"，这可以由推己及人的原则推导出来吗？

同样问题也在下面这些时常为人引用的语段中见到，如《论语·子罕》"知者不惑，仁者不忧，勇者不惧"；智者不惑，勇者不惧很容易理解，有智慧的人知道如何取舍，有勇气的人一往直前，当然不惑不惧，但为什么仁者会不忧？推己及人是希望别人也和自己一样，这样就会令自己没有忧虑吗？《论语·里仁》"朝闻道，夕死可矣"，推己及人就可以当天死掉也不会觉得遗憾吗？

夸张一点甚至可以说，为别人而牺牲自己是违反推己及人这道德逻辑的；但无论"仁"的道德逻辑如何，事实上古今中外都不时有杀身成"仁"的行为，人何以会做出这种反生物本能的行为？孔子推己及人的仁论显然无法提供恰当的解释。

6.3 仁所不能及——义

"杀身成仁"和"朝闻道,夕死可矣"相信就是孔子的夫子自道;在孔子这仁者心中,显然还秉持着一种凌驾性的东西,可以令"君子坦荡荡"(《论语·述而》),把世间的得失荣辱甚至生死都视若等闲;虽然孔子仍然把这种东西称为"仁",不过,这种"仁"显然已经和推己及人那种"仁"连不上关系,一定是另有"其他"了。

我听过一位哲学教授的真实故事,他年轻时住乡下,家里养了一条狗,不知怎的那天家里人要吃狗肉,他负责屠宰,就叫两声把狗唤到厨房里,背后拿着大棍子,那条狗当然不知道大难将至,一面走还一面亲热地向他摇头摆尾;狗最后杀了,肉也吃了,不过直到几十年后,这个人已经垂垂老矣,想起这件事仍然耿耿于怀,非常内疚。这种内疚是自然而然的,和"乍见孺子将入于井"产生恻隐之心的自然而然一样,但又完全不同,不是觉得"不忍",而是"不该"、"做得不对",因为违背了狗对他的信任,就像出卖了朋友一样。"该/不该""对/不对"的意识是来自我们的羞恶之心,不是来自恻隐之心,孟子将羞恶之心称之为义,有违道义则产生内疚感,觉得自己行为可厌可耻。

我们大概都有过这种经验,小时候之所以循规蹈矩做功课，是希望得到父母老师赞赏，也害怕他们责罚，但后来到了某个时候，即使再没有赞赏也没有责罚，我们仍然觉得要做功课，不为什么，只不过因为这是自己作为学生"应该"做的，不做就不对；这种"应该""不做就不对"的是非感，也和"仁"一样，是内在天生的，可以称为是非之心。

这里必须指出，孟子的四端说把"是非之心"归入"知"，其实很有问题；"是非之心"和"羞恶之心"根本是同一东西，羞恶感的产生是由于觉得自己做得不对，也就是说，"羞恶之心"产生于"是非之心"，必须有"是非之心"才可能产生羞恶感。如果按孟子所说，是非之心指具有判断是非的能力，那么，这就是能力范畴内的素质，和"仁""义"这类道德情感在性质上完全不一样，因此笔者以下即把"是非之心"归于"义"，不再按孟子之归于"知"。

事实上，孟子"仁义礼智"四端说从哲学的系统性角度看是问题重重的；"礼"是行为规范，绝非内在，也不可能是四端之一。如果说，所谓礼是指人有令自己行为符合规范的内在要求，所以也属于内在，这好像没错，但人之所以要求行为符合规范，其实也就是追求合理性，觉得不这样做就不对，说到底仍然要归入"义"的"是非之心"。这也解释了为什么虽然提出四端说，但《孟子》全书说来说去主要只是仁义两者，因为知、礼之与仁、义，要不就是性质不同，层次不同，要不前两者就应该并入于"义"，根本不能并列。

是非之心（是非感）也和恻隐之心一样，是人天生的一种内在要求，要追求合理性——孟子所说的义，而羞恶之心就是由于违反了义，违反了是非感而产生的。"非所以内交于孺子之父母也，非所以要誉于乡党朋友也，非恶其声而然也"，这三句孟子用来描写恻隐之心源于自然的话，也完全适用于是非感；是非感和恻隐之心，也和四肢一样，是与生俱来的。

我们在本小节首段所说的"其他"，就是这个"义"，这种是非感，这种羞恶之心。

"义"是对价值的追求，对是非，对正义，对合理性的坚持，这是"仁"之外的另一种道德要求。一个士兵，虽然面对强敌，但坚守不退，不惜牺牲生命，因为他要尽责；尽责是一种道德要求——履行道德责任，当一个人意识到这种道德责任，可以为此付出一切，不避险阻，面对强暴挺身而出，面对生死巍然不惧；文天祥遗言"而今而后，庶几无愧"，为什么可以无愧？因为尽了一己的道德责任，所以再无愧于心。

所以，《论语·颜渊》中不忧不惧的君子，必须既是仁者又是义士，仁者会爱人，但愿意为道德责任作出牺牲的才是义士；履行了道德责任，可以无愧于心，生命得到最高的安顿，这样才会不忧不惧。爱人的恻隐之心，不少人都具有，在动机层面我们都是仁者，但面对危难敢于挺身而出的就不多，所以我们更珍惜的是义士。

再说，文天祥说"孔曰成仁，孟曰取义"，这话没错，不过想想就会觉得奇怪，为什么孔子说成仁，孟子却说取义？孟子为什么不像孔子一样也说成仁？孟子鱼与熊掌的比喻我们都耳熟能详，生命很有价值，但有些东西比生命更有价值，必要时值得舍弃生命去争取，不过，这不明明也就是孔子所说的杀身成仁吗！孟子是非常尊重孔子的，《孟子·公孙丑上》中有"自生民以来，未有夫子也"，既然把孔子视为天下古今第一完人，那为什么不干脆把最尊敬的人的话重申一遍，反而要另用新词？鱼与熊掌中"二者不可得兼，舍生而取义者也"这两句为什么不说成"二者不可得兼，舍生而取仁者也"？

原因不难理解，因为实在没法照搬；孟子的四端说是通过"反观内省"（introspection）方式去探究人性特质，但只要一做内省，就会发现不忍人的恻隐之心和要求正义的是非之心这两种情感完全不同，用亚当·斯密的提法，就是两种不同的道德情感。如果你的朋友出卖了你,你会感到愤怒,如果你出卖了朋友,你会感到内疚,这种感觉和恻隐之心同样真真切切,也是完全不假思索,自然产生的,但又和恻隐之心完全不同,这是一种"正确/错误""应该/不应该"的感觉。在《孟子·告子上》中,孟子和告子反复辩论,强调"义"也和"仁"一样内在于人心,因为只要一作反观内省,这一点就昭然若揭,否则舍生取义(杀身成仁)的行为就无法解释。当然,什么对什么不对,在具体问题上不同文化可以有不同取舍,藏人行天葬,汉人则要遗体完整;我们重视以下养上,视不孝为大逆不道,西方人则强调以上养下,稍有不慈则举国难容;不过,虽然"应该/不应该X"中的"X"在不同文化中可以刚好相反,但任何文化中都同样具有一种"应该/不应该"的感觉,违反了就会产生罪疚感,也就是孟子所说的羞恶之心。

从这角度看,我们可以对常说的"当仁不让"有更准确的理解。看到别人陷于危难之中,心中不忍,生起救助之心,这当然是"仁";但为什么会"不让"?因为我们觉得拯救别人于危难是自己的责任,不做就不对,这才会产生"不让"的心理;"有责任""不做就不对"其实是"义","当仁不让"也就是前面所说的既是仁者,又是义士;说得更明白一点，就是"当仁，则义者不让"。

6.4 仁义并举

孟子虽然对孔子奉若神明，但在《孟子》书中，"仁"已经不再像《论语》之中那样无所不包，不再作为"全德"之称，而下降至与"义"（礼、智）并列，回到原初的意义，即恻隐之心。而与"仁"并列的"义"，孟子用"羞恶"说明，指出不义行为所引起的心理反应，这是反面立说，转为正面则为是非感，包括了是对是错、应该不应该等意识，在这种意识之下羞恶感才可能产生。

《论语》中对"仁"的论述以及前人种种疏解，很多人都觉得难以掌握，视之为复杂深奥，说穿了，不过是孔子一词多义，把层面不同、性质大异的东西混为一谈而已，孟子则又把本来都属于"义"的"是非之心"和"羞恶之心"强分为二。之所以会这样，一可能是孔子本来就不擅长分析性思辨；二可能是他同情心太强，因此不自觉地从恻隐之心这角度去解释一切；三可能是在孔子时代，"义"还未解作道德感、是非感（详下）。朱熹也可能给孔子的"仁"弄糊涂了，注《论语》时逼不得已只能把"仁"解为"本心之全德"，既然是全德，当然就无所不包，把什么问题都解决掉。不过，稍微懂点逻辑的都知道，一个概念外延越大，内涵就越少，当"仁"无所不包的时候，它的具体内容就变得极为笼统模糊，和美、善、良等概念看不出有什么分别，如果真的如此，又何须大费周章另外提出"仁"这个说法？萧伯纳曾经开了一个玩笑，他说："世界上的人可以分为两类，懂得弹钢琴的和不懂弹钢琴的。"这么说逻辑上当然没问题，不过，这样的分类有什么用？可以说明什么问题？儒家的基本方向是从人性的自然情感出发，一切都平易近人，绝不复杂深奥，甚至可以说，凡是复杂深奥的就不是儒家了。

6.5 义是内在还是外在

这里，我们还要指出一个很重要的问题。刚才说了，孔子的"仁"有时连孟子所说的"义"，即内在的道德感、是非感都包括在内——不过必须注意，对"义"这种理解是孟子的独创，在那个时代也是首创，孔子之时还没有这种理解。《孟子》的"义"是内在的，可以称之为"内义"，但《论语》的"义"却是外在的，可以称之为"外义"，也是时人对"义"的一般理解，《郭店楚简》即有"仁生于人，义生于道，或生于内，或生于外"之说，其他如《管子》《墨子》都有类似讨论。所以，《孟子·告子上》中孟子和告子争辩

"义"究竟内在还是外在，今天看来完全是白费唇舌，因为两个人所说的根本就是两种不同东西，孟子所说的内在，告子所说的外在，二者虽然相关，但不属于同一层面，就如"仁心"内在，"仁行"外在一样，词同而事异，违反了逻辑学上的同一律。

内义指人内在的道德感、是非感，外义指见之于行为的正义性、合理性；人出于内在的道德感和是非感，因此要求自己的行为符合正义，具有合理性，这是两者的关系。在与孔子约略同时的古人口中，说的都是外义，例如：

> 大义灭亲。[1]（《左传·隐公四年》）
> 母义子爱。[2]（《左传·文公六年》）
> 讨而戮之，君之义也。[3]（《左传·宣公十一年》）
> 义节则度。[4]（《国语·周语上》）
> 行礼不疚，义也。[5]（《国语·周语上》）

---

[1] 遵循最大的正义而诛杀亲人。
[2] 母亲所为符合道义，儿子爱惜亲人。
[3] 加以讨伐诛杀，是你正义的行为。
[4] 用合理性去节制就符合法度。
[5] 行礼没有毛病，符合道义。

章怨外利，不义。[1]（《国语·周语中》）

这和《论语》中"义"的用法完全一致：

见利思义。（《宪问》）

义然后取。（《宪问》）

见得思义。（《季氏》）

所以，告子坚持"义"指外义——见诸行为的合理性，一点也没有问题，因为这是时人对"义"的一般了解；孟子真要说下去的话，应该追问：为什么我们的行为会具有合理性，难道不是由于我们内心也有追求合理性的要求？这样带出内义的新理解就轻而易举了；可惜孟子自己大概也不明白其中涉及同词异义问题，结果只得和告子夹缠不清地争辩下去了。

6.6 仁义礼一以贯之

无论个人或国家，行为都要符合正义，要具有合理性，这可说是古今中外的共识，没人会反对的，孔子当然也不例

---

[1] 令内部的怨憎恶化，便宜了外国，这是不合理的。

外；那么，行事怎样才会符合道义，怎样才会合理？在孔子眼中很简单，依礼而行就符合道义，就具合理性，因为礼本身就是为了体现"义"而制定的，第四章所引《左传·昭公二十五年》子大叔说礼体现天地之间的合理性（"夫礼，天之经也，地之义也，人之行也"），《左传·成公二年》孔子说礼是用来实现义的（"礼以行义"），都说得很明白，所以要做君子就应按《论语·卫灵公》所指示的以义作为本质，用礼去实现（"义以为质，礼以行之"）。

这样看来，《论语·八佾》中林放问孔子什么是"礼之本"，答案应该非常简单："义也"；不过，这又引起另一个问题了，既然义是礼的根本，是礼的内质，只有表面没有内质当然不对，但既然已经为礼找到了内质，那为什么还另外提一个"仁"出来？《论语·八佾》："人而不仁，如礼何？"这是个反诘句，意味着必须以仁为本，否则礼也失去意义，纯粹成了形式；不过，既然"礼之本"是"义"，那这反诘句应该改为"人而不义，如礼何"才恰当啊！礼之本，究竟是义还是仁？仁和义之间究竟是什么关系？

这又要回到我们在"孔子何惑"那一章所说的问题了，无论是个人行为或社会制度，都应该具有合理性，这很清楚，但什么才算合理？什么要保留，什么要改变才合理？这却是在社会大变迁中时人所面对的大问题，孔子找到一个测试标准：要看看是否合乎仁，合乎仁的才是义。《礼记·礼运》"故礼也者，义之实也……仁者，义之本也"这句话很能够说清楚仁、义、礼三者的关系，作为个人行为规范及国家典章制度的礼，是合理性的具体表现，所以礼是义之实；而见之于行事的合理性则以是否符合"己所不欲，勿施于人"及"己欲立而立人，己欲达而达人"这仁（恕）原则为其根本，所以仁是义之本。至于仁（恕）原则，在个人来说，是《论语·颜渊》所说的"爱人"，在国家来说，则是《论语·学而》"节用而爱人，使民以时"[1]的惠民。

《左传·隐公六年》有这样的记载："京师来告饥，公为之请籴于宋、卫、齐、郑；礼也。"[2]不忍心看到他人挨饿，这是仁心，基于仁心而加以援手是义行，替别国买粮实践义行符合礼制；仁、义、礼三者的关系可以在这个事例中清楚体现出来。

---

[1] 在上位者自己生活节俭而爱护百姓，在适当的时候（农闲）才去动员人民做事。
[2] 周王都闹饥荒，向鲁国求救，鲁隐公替周天子向宋、卫、齐、郑等四国买粮，这是合乎礼的。

6.7 礼的象征意义

不过也有不少情况，其中的礼和仁、义显然连不上关系，但孔子对守礼还非常坚持，这又是什么道理？例如《论语·八佾》中孔子批评"八佾舞于庭，是可忍也，孰不可忍也"[1]。

不错，季氏是违礼做了些超规格的事，但这个对国计民生应该没有什么损害吧，而且季氏政绩显然相当不错，第三章所引的晋国史墨就做过这样评价："季氏世修其勤，民忘君矣。"

在这方面，一如其他问题，孔子也没有解释清楚；可能是由于家庭教育的影响，孔子自少就对礼非常尊重，4.1.1 所引《史记·孔子世家》中显示他小时候已经喜欢模仿成年人行礼。不过，对孔子的童年，对他的母亲，对他的成长环境，我们都所知甚少，所以他的家庭教育如何无法确知，这样说只能出于猜测。

更大的可能性是由于礼所带有的象征意义。上文刚说过仁义礼三者关系，仁出于人的自然情感，义代表符合人的自然情感的合理性，礼则是体现这种合理性的制度；合起来，

---

[1] 季氏僭用天子才可以用的八佾在中庭奏舞；这样的事都能够忍心做得出来，那还有什么是会做不出来的呀。

礼就是基于人性自然的合理秩序。合理秩序可以带来有利于国计民生的稳定性，在当时战乱频繁、篡弑相继、人民生活痛苦不堪的情况下，对这种稳定性的需求是很容易理解的；孔子是一个充满同情心的人，当然渴望可以通过稳定性而令人民免于动乱造成的痛苦；礼是象征秩序，象征稳定性的符号，孔子之所以对礼特别推崇，不在于每项具体的礼对国计民生的裨益，而在于礼作为一个整体所代表的稳定性的象征意义。

符号虽然只是内容的表征，但符号心理学研究指出，当某一内容和某一符号紧密联结起来之后，人们往往就会把符号视为内容本身。美国语言学田野研究有这样一个案例，北美洲某土著部落人口死亡殆尽，只剩下一个人了，语言学家要把那部落的语言保留下来，就通过那人去做记录，记录做好了，但是始终也没法知道那人的名字，因为该部落认为，名字就是自身，把名字说出来别人就可能对自己施咒，所以他到死都不肯把名字说出来；这和中国古代巫蛊在木偶身上写上仇人姓名八字，刺针以图加害出于同样想法。我们都知道词语有褒贬义，背后也是同样的机制，老人家、老头儿、老头子、老家伙、老头，一般指的都是上年纪的男人，但选用不同词语就可以表示种种不同"意思"，或尊重，或亲切，或厌恶，或轻蔑，或雅或俗等，这些"意思"都与实质内容并无关系，种种分别都存在于符号本身。

《左传·成公二年》记载，在卫、齐之战中，仲叔于奚因为救出了卫国大夫孙桓子有功，卫君要赐予城邑作为封赏，但仲叔于奚推辞了，转而要求上朝时可以用曲县、繁缨，这本来是诸侯才能用的仪仗器物，但卫君答应了；孔子很感慨，他说："很可惜啊！倒不如多赐给他一些城邑，唯有器物和名号是不可以随便给人的。"[1]器物和名号都是象征身份的，因此也只是符号，但符号—身份—权势连接起来之后，符号本身就具有特别的重要性；礼节仪式本来也只是合理秩序的象征性符号，但当礼和秩序，和稳定性紧密联结之后，礼在心理上就"等于"秩序和稳定性，不守礼无异于否定秩序和稳定性，"是可忍也，孰不可忍也"，孔子之所以如此愤慨，这可能就是其中原因。

---

[1] 惜也，不如多与之邑，唯器与名，不可以假人。

第七章　君子与小人

7.1 君子为谁

第五章说过，仁心固然重要，但必须见之于行动才有实际作用，要见之于行动就一定要有执行者，谁可以当这个执行者？答案：君子。小人是不可以的。

你可能觉得这是句废话，不过，其实不那么简单。《论语·宪问》有这样一句：不仁的君子是有的，但没有小人是仁者。（"君子而不仁者有矣夫，未有小人而仁者也。"）后半句很容易理解，小人自私自利，当然没有仁心，即使为了欺世盗名表面上有些仁行，但将来总要从中博取更大利益，长远来说，人民百姓当然不会真正受惠，由此看来小人不能当执行者是理所当然的，明白得很。不过这样一来，第一句就显得很奇怪了，小人是坏蛋，那君子当然就是好人了，好人而"不仁"是什么意思？既然"不仁"，那还算什么君子？那么可不可以这样理解——即使是君子，也偶尔会有不仁的？可以！解通了，而且更合情理，不过这样一来后半句就变得非常不合情理了，"未有小人而仁者"，难道说只要是小人，那么连偶尔发发善心也是不可能的？

你或许觉得这些说法一开始就错了，因为句中的君子应该就地位来说，指在上位者，和品德无关；"君子"向来都有两种意义，一是从品德说，指道德高尚的人，这我们都知道；但另一则是从地位说，指在上位的统治阶层，一般人就往往忽略了。

前者例如：《论语·学而》"人不知而不愠，不亦君子乎。"朱熹注："君子，成德之名。"后者例如《论语·泰伯》"君子笃于亲，则民兴于仁。"（朱熹注："君子，谓在上之人也。"）

好！那么我们就试试用第二种意义去理解——"君子小人"指的不是他们的品德而是地位。在上位的统治者有些是没有仁心的，这说法很好啊！真的解通了；可惜跟着后半句就出大问题了，难道说，在下位被统治的小人之中就连一个有仁心的也找不到吗？这样的阶级歧视不仅太可怕，而且太极端了，孔子怎么可能说出这样的话来？

所以，《论语》中的这句话长久以来都令注疏家非常头痛，朱熹在《四书集注》中就没有提出过自己的解释。要解决这个难题，还是要从君子一词的词义发展着眼。

7.2 孔子口中的君子

7.2.1 身份品德并称

君子原义是君主之子，和"公子"原意是公侯之子相类，君主之子当然是上层阶级，很早就用来泛指居上位的统治者，在比《论语》更早或约略同时的文献中，例子多不胜数，这里随便举几个：

> 彼君子兮，不素餐兮。[1]（《诗经·伐檀》）
> 射其御者，君子也。[2]（《左传·成公三年》）
> 君子劳心，小人劳力，先王之训也。[3]（《国语·鲁语下》）

例中的君子肯定纯粹是指身份，与个人道德完全没有关系。当然，词义是会发生转变的，如果说《论语》中的君子，除了原来"在上位者"之外，还另有新义，指"道德高尚的人"，这也很有可能。不过我们要想清楚，所谓"词义转变"究竟是什么意思？譬如说"在上位者"是 A 义，"有道

---

[1] 那个贵人，只是尸位素餐啊。
[2] 射那个驾车的吧，他才是身居高位的人。
[3] 在上位的人用脑袋，平民百姓用体力，这是先王的教诲。

德之人"是 B 义，所谓转变，有几种可能情况：

（1）取代：君子不再表示 A 义，只表示 B 义，纯粹根据品德而称某人为君子，一如现代汉语所说的"这个乞丐才是正人君子"。

（2）交替：君子除了表示原来的 A 义之外，有时候也表示 B 义；但表示 A 义的时候不表示 B 义，表示 B 义的时候也不表示 A 义。

（3）累加：君子在原来的 A 义之外还加上了 B 义，缺一不可；即把既居上位，也有品德之人称为君子。

从 7.1 所举《泰伯》的例子中可以看到，《论语》中君子还用于表示在上位者，显然并未出现君子不再表示 A 义这种情况，（1）所说的取代可以完全不加考虑；剩下来的可能性是（2）的交替或（3）的累加，至于是（2）或（3），可以先看看孔子口中的君子是什么样子的人。

《论语》中孔子称为君子的有四个人，即子贱、子产、南宫适、蘧伯玉，前两人见于《公冶长》，后两人分别见于《宪问》和《卫灵公》；子贱即宓子贱，《史记·仲尼弟子列传》说他是"为单父宰"，即单父这大夫家族的内务总管；南宫适又叫南容，《左传·昭公七年》中称为南宫敬叔，是鲁国贵族孟僖子的儿子；子产是郑国名臣，蘧伯玉是卫国贤大夫，都见于《史记》；亦即四个人都是在上位之人。

除了《论语》，亦可以在《左传》中寻求外证，《左传》中出现五次孔子以"君子"为标准去评断个别人物的行为，分别见于《昭公七年》（孟僖子）、《昭公十三年》（子产）、《昭公二十年》（琴张，即子张，在《论语·为政》和《颜渊》两章中都曾经向孔子询问为官之道）、《昭公二十年》（虞人）、《哀公十一年》（季孙）。除了虞人之外，其他四人都毫无例外是在上位之人，虞人虽然地位较卑，但仍然是齐侯的下属，而且文意中显示，孔子真要说的不是虞人，而是借着虞人指出君子做事的原则当是按一般道理去做事不如按自己的职责去做事（"守道不如守官"），也就是《中庸》所谓根据自己职位去做（"君子素其位而行"），用今天的话说，就是专业精神，譬如一个执法人员明知某人犯了罪，但没有掌握犯罪证据就不能加以拘捕，更不能私下惩处，更显出了孔子此言是对统治阶层而说。

我们能找到的孔子以君子称之的这九个例子（子产两见），却完全不足以作为出现（2）那种词义"交替"的证明，没有任何不在上位之人，纯粹因为品德高尚而被称为君子，没有纯粹只表示 B 义，不再包含 A 义的情况。

反过来，这些例子却是发生（3）词义"累加"的坚强证据，即君子除了有位之外还要有德。这种转化，不仅有上述文献的支持，而且也容易在孔子的一贯思想中找到解释，在《论语·颜渊》中孔子提出正名论，要求"君君、臣臣、父父、子子"，亦即有其位者也要有其德，按照这种逻辑，自然也会要求"君子君子"——在上位的君子也要有在上位的君子之德，这不仅是自然的，甚至可以说是必然的转变；同样的要求，也可以见之于"士"，我们在第二章说过，"士"其实是一种阶级身份，由家世血统决定，但在《论语·子路》中子路就向孔子提出这样的问题：怎样才可以称得上是（名副其实的）"士"（"何如斯可谓之士矣"）？《论语·宪问》更说：如果一个"士"整天只是想着柴米油盐的问题，他就不足以成为（名副其实的）"士"了（"士而怀居，不足以为士矣"）。西方有所谓 noblesse oblige——特权连着责任，既然享有较一般人优越的地位，享有较丰厚的待遇，那同时就应该比一般人有更大的承担，做更大的付出。

　　因此，一向以来所说"君子"或指地位、或指品德的二分法也许就不正确，"君子"一词词义出现的转变不是交替而是累加，即不是（2）原义 A "或"另义 B 的关系；而是（3）原义 A "加"累加义 B 的关系。

　　也就是说，传统上认为君子有时从地位说，有时从品德说这种理解是错误的。孔子所说的君子，从来都是就地位说，不过也真的有两种意义：一是指当时现实中的君子，纯粹根据地位；另一是指理想中的君子，既有地位又有品德，加入正名理念作要求；但却没有纯粹只是根据品德来判定是不是君子的。

7.2.2 理想的君子

如果看得更仔细一点，可以发现只是有地位有品德还不足以成为孔子心目中理想的君子，《论语》下面这些例子可以清楚显示这一点：

> 君子博学于文，约之以礼，亦可以弗畔矣夫。[1]（《雍也》）
>
> 棘子成曰："君子质而已矣，何以文为？"子贡曰："惜乎！……文犹质也，质犹文也，虎豹之鞟犹犬羊之鞟。"[2]（《颜渊》）

---

[1] 君子文化修养要广博，再用礼加以规范，这样就不会出什么大问题了。

[2] 棘子成认为君子有良好素质就可以了，无需文化修养；子贡对这种说法感到惋惜："素质和文化修养是分不开的，老虎、斑豹如果剥了毛皮，那就和犬羊没有什么分别了。"

曾子曰：君子以文会友，以友辅仁。[1]（《颜渊》）

君子病无能焉，不病人之不已知也。[2]（《卫灵公》）

君子疾没世而名不称焉。[3]（《卫灵公》）

君子不可小知而可大受也。[4]（《卫灵公》）

君子贞而不谅。[5]（《卫灵公》）

君子有九思，视思明，听思聪，色思温，貌思恭，言思忠，事思敬，疑思问，忿思难，见得思义。[6]（《季氏》）

要有文化修养，要以无能为耻，要以不能建功扬名为虑，要能够肩负重任，要懂得在大原则和小节之间作取舍，要处事时各方面都妥帖周到，凡此种种都已经远远超出了品德上的好坏而兼及文化认识、使命抱负、能力判断、心智水

---

[1] 曾子说：君子用文化活动和朋友相交，而朋友则可以助长自己的仁德。

[2] 君子怕的是自己没本事，不怕没人赏识。

[3] 君子担心的是，到死都未能建立功名事业。

[4] 君子不可以从小事去看，但可以承担重任。

[5] 君子坚守原则，但不会拘执呆板。

[6] 君子看问题要看得明白，听情况要听得清楚，态度要温和，举止要恭敬，说话要忠诚，做事要用心，有问题要问清楚，生气时要想到发脾气的后患，眼前有利益时要想想是否合乎道义。

平等能力材质的高下，也就是《论语·雍也》所说的"文质彬彬，然后君子"。

理论上说，一般人如果都能够具备这种素质，当然最好，但事实上既不可能，也不需要；甚至可以说，如果有老师对学生作这种种要求，其实是苛求。不过，有些人却是一定要具备这些素质的，否则就不可能妥善履行自己的职责；什么样的人？——身居高位的统治阶层成员，也就是古代的士大夫，现代的高层领导人。孔子之所以反复训诲弟子作为君子应该如何，不是因为他要求过高，而是因为他要替弟子成为贤士大夫作准备。

以文学修养来说，《论语·阳货》及《季氏》中孔子都鼓励学生学"诗"，一方面固然是因为"诗，可以兴，可以观，可以群，可以怨"[1]，但同时也是因为"不学诗，无以言"[2]，那个时代接遇宾客、应对诸侯等活动都要赋诗明志，这样才可以做到《论语·阳货》所说的："迩之事父，远之事君"[3]；文学修养成了一个士大夫的基本要求。

日本有松下政经塾，英国牛津大学有"哲政经课程"

---

[1] 诗具有引发感情，观察社会，增加共鸣，表达讽喻等功能。

[2] 不懂诗的话，就不能在政治外交活动上说话了。

[3] 在家族之内替父辈办事，在朝廷之中替君上办事。

（PPE），法国有国家行政学院 ENA，都是为培养国家高层领导人才做准备的，对申请者要求极高，把他们的选人标准和课程内容与孔子对君子的要求作比较，一定很有启发性。

7.3 孔子对君子的期望

孔子之所以谆谆训诲学生要做君子，不是要他们做好人那么简单，而是要做好官——贤士大夫。这可说是孔子思想体系下引出的必然结果，因为"仁"的实践是己立立人，己达达人，修德的最高要求不仅是独善其身，还要兼善天下，《论语》中对君子的种种要求，都是为将来的行道救世作准备；君子的种种个人修养，都只是必要条件而非充分条件，都只是起点而非终点，理想中的终点是"民到于今受其赐"。

如何足以行道救世？如何达至"民到于今受其赐"？对尊重秩序、追求稳定性的孔子来说，最好甚至唯一的办法是出仕做官，因为个人的道德修养无论怎样好，能够产生影响的范围都很小，要一般平民百姓都能够广受其惠，就不能够只靠个人行为，而一定要成为政府政策，而能够推行政府政策的，当然就是士大夫。身为士大夫，就要好好履行士大夫职责，这是孔子正名论的主张，反过来说，如果不是士大夫而去影响政府政策，就是僭越，甚至是乱臣贼子，所以《论语·泰伯》要求"不在其位，不谋其政"[1]，《中庸》的"素其位而行，不愿乎其外"也是类似意思。

在孔子那个时代，相对还是小国寡民，社会结构比较简单，上位者的行为很容易就影响到一般平民百姓，会出现《论语·子路》所说的（上位者）"其身正，不令而行"的效果，所以《论语·颜渊》才会说"君子之德风，小人之德草；草，上之风，必偃"[2]。

关于希望得到别人赏识，并且扬名于世这一点要稍作说明。立功扬名是人的自然欲望，也是马斯洛（Maslow）所说人类心理发展需要的最高阶段——自我实现（self-actualisation），从李白"仰天大笑出门去，我辈岂是蓬蒿人"，到英语的"make a difference"（起了相当作用），都是这种心理需求的表现，上文 5.4 中说孔子不赞成强行压制"克伐怨欲"等人的自然情感反应，当然也不会反对立功扬名这种自然欲望，只要不过分就可以，何况儒家的立功扬名不单是自我实现的满足，还能够令仁得到实现，利己利人，何乐而不为？

---

[1] 不在那个岗位，就不要谋划那个岗位的事情。

[2] 在上位者的品德就像风，平民百姓的品德就像草，草遇风一吹，就一定会偃伏下来。

7.4 不要冤枉小人

通过《论语》中君子一词的分析，可以看到孔子对弟子的要求是努力提升自己的品德和能力去当个好官，否则就难以造福人民百姓、令仁得到实现。循着这样的思路，"未有小人而仁者也"一语就不难理解了。首先，一如对"君子"一词一样，我们也先要对"小人"这词有准确了解。《论语》中孔子只说过一个人是"小人"，就是他的学生樊迟，见于《子路》篇：樊迟问孔子该怎样种田，孔子说："种田的话我比不上有经验的农夫。"樊迟又再问怎样种菜，孔子说："种菜我比不上有经验的菜农。"樊迟离开后，孔子就说："小人哉，樊须也！上好礼，则民莫敢不敬；上好义，则民莫敢不服；上好信，则民莫敢不用情。夫如是，则四方之民襁负其子而至矣，焉用稼？"[1]

要学种田，要学种菜，这想法没什么不对呀？为什么孔子会把樊迟视为"小人"？《子路》篇中还有一次提到"小人"，就更加奇怪了：

---

[1] 樊迟真是个小人呀！如果在上位的人重视礼法的话，则民众不会不恭恭敬敬；重视道义，则民众不会不服从；言出必行，则民众不会不老老实实。这样的话，则天下百姓就算用布兜背负着婴儿都会来投奔你，哪用得着自己去种庄稼？

子贡问曰：何如斯可谓之士矣？子曰：行己有耻，使于四方，不辱君命，可谓士矣。曰：敢问其次。曰：宗族称孝焉，乡党称弟焉。曰：敢问其次。曰：言必信，行必果，硁硁然小人哉，抑亦可以为次矣。曰：今之从政者何如？子曰：噫！斗筲之人，何足算也。[1]

言必信，行必果，即使呆板不知变通，但比之那些随口应诺，说了不做的人还是好得多吧，而且孔子口气中明明是相当认可的，这样的人为什么还是"小人"？

显然孔子口中的"小人"和我们今天所说的卑鄙小人很不一样，一个人是否属于"小人"，和道德操守没有关系。上文说过，《论语》中的君子有两种意义，一是现实中的君子，另一是孔子理想中的君子；可惜我们不能用同样的方法来分析小人，孔子只描述了现实中的小人怎么样，但并没有

---

[1] 子贡问孔子：怎样才可以称之为"士"呢？孔子回答：个人行为，不做丢脸的事；出使外国，不会辱没君主，做到这样就可以称为"士"了；子贡又问：层次稍低一点的又应该怎样呢？孔子再答：做到家族之中有孝顺之名，乡亲邻里之中有尊敬长辈之名吧；子贡再问，又再低一点的呢？孔子又答：说话绝不食言，替别人做事一定做好，小人那样硬邦邦不作变通，这样也算又低一个层次的"士"了。子贡最后再问：现在那些主政的人又怎样呢？孔子说：哎呀！那些都是器量浅窄的人，有什么值得讲的呢。

说理想中的小人应该如何。《论语》中论及小人一共 23 次，其中比较具体显示小人特质的有 18 句，但没有一句是说小人奸险狡诈、口蜜腹剑、包藏祸心、损人利己之类的，和我们今天所说的小人很不相同，综合而言，可以看到小人有几个特点：

i. 有种种毛病，但并没有大过恶，也不会主动为非作歹，例如：

> 君子和而不同，小人同而不和。(《子路》)
> 君子泰而不骄，小人骄而不泰。(《子路》)

最坏也只是随人起哄、推波助澜而已，例如：

> 君子成人之美，不成人之恶，小人反是。(《颜渊》)

ii. 胸无大志，只关心实际利益，缺乏道德理想，例如：

> 君子怀德，小人怀土；君子怀刑，小人怀惠。(《里仁》)

此外有些句子我们一向都有所误解，如《里仁》的"君子喻于义，小人喻于利"。"喻"是说明白的意思，"喻于利"是说你跟他讲利益，也容易明白，也容易接受，但并不意味他会为了利益而为非作歹。譬如以节能灯为例，你用保护环境、为下一代留个好环境去游说别人换用节能灯，对方多半不理会，但如果你替他算算账，换用节能灯每年可以省下多少电费，不少人就会欣然接受了。君子会为了保护环境（义）而换用节能灯，而小人则会因为可以省点电费（利）而去节能，动机虽然称不上高尚，但也算做了好事。

iii. 目光短浅，不知轻重，例如：

君子不可小知而可大受也；小人不可大受而可小知也。[1]（《卫灵公》）

君子有三畏：畏天命，畏大人，畏圣人之言；小人不知天命而不畏也，狎大人，侮圣人之言。（《季氏》）

iv. 软弱依赖，不能坚持，例如：

---

[1] 君子不可以从小事去看，但可以承担重任；小人不可以承担重任，但可以在小事上看他做得怎么样。

> 君子固穷，小人穷斯滥矣。(《卫灵公》)
> 君子求诸己，小人求诸人。(《卫灵公》)

总体而言，《论语》中的小人虽然都带贬义，但从来都没有今日所谓卑鄙小人的意思，他们其实只是见识浅陋、胸无大志，营营役役谋求生计的人，也就是我们日常生活中最常见到的普通人；樊迟问学稼、为圃，孔子称他为小人，也只是从这一点着眼。他们可能有种种缺点，但并无大恶，他们的所作所为固然不值得鼓励，但也难以苛责。《论语·雍也》中孔子之所以训诫弟子不要做"小人儒"，纯粹是爱之深、责之切的高要求而已；其中《论语·子路》的"言必信，行必果"句最有启发性，这种行为其实孔子也加以赞赏，但仍然称之为"小人"，可见小人的真正特点只是鼠目寸光，不识大体而已。

小人只不过是"小民"，也就是今天所说的小人物、小角色、升斗市民，他们最关心的是"老婆孩子热炕头"，最重要的是讨生活，所以重视实利，不谈理想，害怕麻烦，在隙缝中过日子，他们不会（因为不敢）为非作歹，也不肯慷慨赴义，为了过得舒服一点，他们会尽量迎合周边的人；他们绝非一无是处的恶徒，甚至说不上坏，只是不够好而已。

对一般人而言，这恐怕就是生活的现实。

孔子口中的君子，无论是现实中还是理想中的，都是根据地位来说，指上位者；按此类推，孔子口中的小人，也当是从地位来说，指一般平民百姓，上文所引《子路》篇中子贡问"士"，最后谈到当时的当政者，孔子非常轻蔑，称之为"斗筲之人"，但也并没有说他们是小人，由此看来，当时还未形成习惯用"小人"来表示一个人品德低下。

孔子对当时平民百姓的看法，用今天眼光来看很可能令人难以接受，不过平心而论，以当时教育不普及，信息不发达，社会非常封闭的情况而言，一般平民百姓能够见识广博、胸怀天下的当是例外中的例外，孔子所说恐怕大体上还是符合实情的。当然，我们应该问一个问题：难道平民百姓中就连一个目光远大、忧国忧民的也没有吗？"未有小人而仁者也"是否说得太绝对了？答案：一半是，一半不是。平民百姓中当然也有一些人目光远大，知道忧国忧民，不过按孔子尊重秩序，追求稳定性，"不在其位，不谋其政"的逻辑，不在其位的人是没有办法，甚至是不应该把他的理想推广以惠及一般平民百姓的，弄不好会导致《论语·泰伯》所说"勇而无礼则乱"的后果。他们当然也会有仁心，也能够在一定范围内有仁行、仁功，但这番作为对一个以天下为己任的士来说，却远远不足够，仁的实践，是"己欲立而立人，己欲达而达人"，小人只能"己立己达"，但却无以"立人达人"，孔子之所以认为"未有小人而仁者也"，当是在这个意义上说的。

第八章　权：『是是』之间

君子的仁心必须实践出来成为仁行，以求达致仁功，这道理很清楚；必要时甚至不惜牺牲性命，即文天祥所说的"孔曰成仁，孟曰取义"，仁行也同时成为义举；在大是大非之前应该如何取舍，这也是很清楚的。不过，如果矛盾并非存在于是、非之间，而是存在于是、是之间，这时君子要如何去做抉择呢？

8.1 忠孝不两全

第二次世界大战期间，法国被德军占领，当时有位年轻人向哲学家萨特提了一个问题：我应该怎样做？这位年轻人的父亲和占领军合作，成了所谓collaborator，即汉奸的法国版——法奸，年轻人很想参加地下军，一方面是报效国家，另一方面也是借此洗脱耻辱，不过他母亲独居，只有他一个亲人，他若参加了地下军，母亲就没人照顾，年轻人希望萨特教他怎样做。萨特回答：无论你如何抉择，都一定会后悔的。

"都一定会后悔"这句话想想就感到其中的震撼力,整本《论语》都教导我们做人应该立身行道,以求无负于人,无愧于心。而尽忠尽孝,哪一样不是行道?但无论尽忠还是尽孝,又有哪一样能够完全无负于人,无愧于心?两条都是正道,但应该走左边的那一条还是右边的那一条?不可能两条都走,这就成了康德所说的"理份的冲突",矛盾的双方不是一正一邪,一是一非,两者都是义务所在,自己对之都有不可推卸的责任,这才是问题的症结。如果那年轻人问的是孔子,你认为孔子应该怎样回答?

没人问过孔子这问题,假如真的问了,孔子很可能会这样说:移孝作忠吧,"战阵无勇,非孝也"。这一句,分别两见于《大戴礼记·曾子大孝》和《礼记·祭义》,可见是儒家的一贯立场;《孝经·开宗明义章》清楚说明孝的最高层次是"立身行道,扬名于后世,以显父母";怯懦退缩,不履行国家责任,就是立身有亏,行道不正,令父母宗族蒙羞,这才是最大的不孝。

8.2 忠忠不两全

忠孝之间的矛盾是解决了,但如果矛盾是存在于忠忠之间呢?

第八章 权:"是是"之间

《史记·儒林列传》记载了一段汉景帝主持的著名御前辩论,辩论双方一是辕固生,另一是黄生。黄生认为汤武用革命方式取得政权不是"受命"而是篡弑。但辕固生不同意,因为桀纣为政暴虐,人民百姓都归心于汤武,汤武之推翻桀纣是和人民百姓同道的,想不取得政权也不行,这当然属于"受命";黄生反驳说,冠帽再旧都是要戴在头上的,鞋子再新也是要穿在脚上的,桀纣再坏也是君主,汤武再好也是臣下,君主出了问题,臣下只能努力劝谏,现在却把君主杀掉,自己取而代之,这当然就是篡弑了。对于黄生帽鞋的譬喻,辕固生不知如何反驳,于是说,按你所言,那么我们汉高祖推翻秦朝也是不对的了?汉景帝听到这里,知道再说下去无论谁是谁非都会引出难以解决的大问题,就以古人认为马肝有毒不食马肝为例,立刻中止辩论,而且禁止以后再讨论这问题。

所谓"受命"是受命于天的省略语,指某某人之取得政权是受到上天的指令,也就是一般所说的"天命所归","天"自周朝以来就代表一种最高权威,受上天指令意味着其政权来自上天的意志,因此具有充分的"正当性"(legitimacy,一般译为"合法性",不过其实并不恰当)。黄生和辕固生就商汤周武的政权是否"受命"作辩论,其实是要探讨一个政权怎样才具有正当性，究竟应该忠于君？还是忠于民？

忠于君是忠，忠于民也是忠，如果只能够二者择一，就构成忠忠之间的矛盾，应该如何选择？应该忠于民！——你可能会这样回答；因为不仅《孟子·尽心下》指出"民为贵，社稷次之，君为轻"，而且从孔子对历史人物的评价中也可以看出这早已经是孔子本人的取态，《左传·宣公二年》记载了"赵盾弑其君"一事：

当时晋国的君主是晋灵公，这个人不仅贪婪残暴而且更疯疯癫癫，他大肆搜刮民脂民膏，连宫室的墙壁也要弄得漂漂亮亮的；又喜欢在高台上用弹丸射人，看着别人惊惶走避以为笑乐；有一次厨师煮熊掌煮得不够熟，他竟然就把厨师杀了。为此晋国重臣赵盾反复进谏，他觉得讨厌，竟然指派刺客要把赵盾杀死；失败后又再假意宴请赵盾，准备在席间杀害他。后来赵盾的侄子赵穿实在忍无可忍，就把晋灵公杀掉；当时赵盾正准备外逃，知道晋灵公被杀，还未离开国境就回来了。

事后，晋国大史董狐记作"赵盾弑其君"，赵盾觉得很冤枉；但董狐说："你是晋国的主政大臣，逃亡的时候并未离开国境，回来的时候又没有讨伐弑君的逆贼，你难道不要负上弑君的责任吗！"（"子为正卿，亡不越竟，反不讨贼，非子而谁。"）对这件事，孔子有这样的评价："董狐，古之良史也，书法不隐。赵宣子，古之良大夫也，为法受恶。惜也，越竟乃免。"孔子一方面同意董狐这样的论断，但另一方面却很替赵盾惋惜，因为孔子认为赵盾只是犯了"技术性错误"（如果当时离开了国境就无须为事件负责），但于德行无亏。在整件事之中，孔子对"弑君者"，无论是名义上要负责的赵盾或实际上弑君的赵穿都没有予以谴责，显然他认为对君主的忠诚不应该是绝对的，为百姓福祉而诛杀这样的昏暴之君并无不当。至于对黄生和辕固生所讨论的汤武革命，孔子虽然没有明确作过评价，但正如本书第五章所说的，周朝的文武之道是他最主要的学习对象，而对周朝，他在《论语·八佾》中更是这样形容的："周监于二代，郁郁乎文哉！吾从周。"[1]对周的尊崇可谓无以尚之，我们很难说他对周政权的正当性有所抗拒。

这样看来，当忠忠不能并存，孔子应该是把忠于民置于忠于君之上了。

---

[1] 周朝以夏商两代作为借鉴对象，文化非常发达，我会跟从周朝的做法。

8.3 民为贵，君为轻吗

不过在类似问题上，我们又看到孔子似乎有不同态度。《论语·宪问》及《左传·哀公十四年》都记载了当时齐国大臣陈成子弑杀齐简公的事，孔子反应非常强烈，"沐浴而朝"，郑重要求鲁哀公加以讨伐。从当时齐国的政治实况看，陈成子大权在握，是齐国的实际统治者，齐简公徒居虚位而已，而且陈氏家族治齐的政绩，根据《史记·田敬仲完世家》所载，虽然目的在于收买人心，但客观上还是相当不错的，如上文 4.4 所说，是无仁心而有仁行仁功；但孔子这次却把弑君视为大逆不道，甚至要求跨国征讨；对弑君行为的这种强烈反应绝不是偶然的，孔子曾经指出过出仕为官的底线是什么，《论语·先进》有这样一段：

> 季子然问："仲由、冉求可谓大臣与？"子曰："……所谓大臣者：以道事君，不可则止。今由与求也，可谓具臣矣。"曰："然则从之者与？"子曰："弑父与君，亦不从也。"[1]

---

[1] 季子然问孔子："子路和冉求是否可以算得上是大臣呢？"孔子回答："……大臣是秉持正道来替上司服务的，如果上司不接受，他们就会辞职不干；现在子路和冉求只可以称得上是'具臣'罢了。"季子然跟着问："那么是否他们就会对上司唯命是从呢？"孔子说："要弑父弑君的话，他们也是不会听从的。"

"具臣",《前汉纪·孝昭皇帝纪》末段荀悦解释为"奉法守职,无能往来",意思是只能够规规矩矩把事情办好,但不能够对上司的要求(往)提出反驳匡正(来)。孔子认为他两个学生子路和冉求还未能做到坚持是非,据理力争反驳上司,所以称不上大臣。对此,孔子当然不是很赞赏,但也没有加以批评谴责。看起来,有点不问是非,只遵照上司指令做事,这种做法孔子还勉强可以接受,但如果到了"弑父与君"的地步,却不可以听从,这又把忠于君视为不能逾越的底线了。

8.4 礼的象征意义

更深一层看,孔子对篡弑的抗拒,其实不是忠于君,而是忠于礼,因为按当时礼制,君主之位要通过世袭取得才具有正当性,得之以篡弑属违礼,自然不具有正当性;而孔子之所以又接受武王伐纣、赵盾弑君,则是忠于义,因为为君者必须勤政爱民,不能残虐百姓,做不到这一点的就是有违于义。再换一种说法,是一个政权的正当性该决定于是否遵从了礼制去"得天下"(世袭?革命?),还是该决定于是否符合了道义去"治天下"(残民?爱民?)。我们在上文 6.6 说过,义是礼的实质,礼是义的形式,礼本来应该是义的制度化,不过,一旦这种理想关系在现实中互相乖离，就必须作出取舍。

我们可能会觉得，当然是取义舍礼，取实质舍形式，怎能够虚有其表？但事实上不那么简单，对古代的礼我们比较陌生，那就转用今天相对熟悉的法律来说吧，我们都知道，法律本来是为维护公义、遏止罪行而设立的，就本质来说只是一种工具，但当这种工具设定了具体条文，设定了具体运作程序——司法制度之后，法律这套工具和相关的条文程序就成了公义的象征，和古代的礼是合理秩序、稳定性的象征一样。在现代司法制度中，一个执法人员，即使明明知道某某犯了罪，但只要缺乏证据，就不能予以逮捕，更不能判刑，在不少情况下更只能任由该人逍遥法外，继续为非作歹；公义得不到彰显，罪行亦未能遏止，这好像是违背了法律制定时最基本的目的，太拘执于形式化的程序了。不过，如果不遵守一定程序，很容易就会成为枉法徇私的借口，结果往往在其他很多问题上连基本的公义也维持不了，这也就是我们为什么这样重视"程序正义"（procedural justice）的原因；条文程序本身这时就具有了权威性，不可违背，一如古代的礼。如果我们可以理解法律条文程序之不可违背，那就同样可以理解当时人为什么坚持通过世袭制度取得君位这种礼之不可违背。

不过，我们也要注意，在英国的普通法传统中又有所谓"金律"（golden rule），当法官发现按照法律条文判定某一案件会严重违反公义、违反常识时，可以不遵循法律条文而另作判决；此外又有所谓"公共利益"（public interest）的考虑，当涉及重大公共利益时法官也可以不依循条文而行使一定的斟酌权。当然，什么情况涉及重大公共利益，什么时候应该根据金律违离法律条文，都无法作出清晰而易于操作的规定，只能够作为一个笼统原则。由于以涉及重大公共利益或根据金律判案实质上无异于以法官的个人决定取代固有法律，必须慎之又慎，加以法官本人也要承受极大的压力，所以在司法史上也是绝不多见的。以此例彼，也可以说，孔子之要求循礼忠君，相当于按法律条文办事，而接受吊民伐罪，则是以涉及重大公共利益为由转按金律处理。

8.5 义与礼孰先

一方面要求合礼，另一方面要求合义，两个标准都很合理，但只要标准多于一，自然会出现符合甲标准，但不符合乙标准的情况，这时就要分出主次。分主次的方式有两种，一是根据两者的性质，事先决定哪一种更重要，这是质性（本质、重要性）的考虑；另一种方式是事先不作区分，而在具体情况中看哪一个程度更甚，这是量性（程度、严重性）的考虑。《论语·子罕》这一段极有启发性：

> 子曰：可与共学，未可与适道；可与适道，未可与立；可与立，未可与权。[1]

这一段说的是立身行道的次序和难易。要具有什么治学态度，要选择什么人生路向，要持守什么立场，由易至难，都和质性相关，但最后，也是孔子认为要求最高的权，却属量性的考虑，所关涉的是程度和严重性。"权"原意是秤锤，引申为对事态作出轻重权衡，必要时要不守常规作出变通，即所谓"权变"。什么是良好的治学态度，什么是恰当的人生路向，什么是应该持守的立场，多少都有先例可循，《论语》里面就有不少这样的指引，只要不利欲熏心，不难做到问心无愧。不过，即使自己一秉公心，但如果不能在特定事件中因应个别情况分出轻重主次，就难以作出恰当的权衡取舍，令事情产生良好结果，即使自己无愧于心，也恐怕有

---

[1] 孔子说：有些人，可以跟他一同学习，但不能一同实践；有些人，可以一同实践，但不能共同持守一样的立场；有些人，可以共同持守一样的立场，但不能够一同去做权衡判断。

负于人了，也就是只有仁心，但不懂得采取恰当的仁行，结果不能达致仁功；而最麻烦的是，这却是没有固定方法可循的。回头再审视这一章开端提出的问题吧，孔子那时有大家族，若自己战死，母亲大概仍然可以得到家族中人照顾，所以可以这样取舍，但活在现代的那个法国青年呢？这也是孔子之所以把"权"视为最高要求的原因。

没有固定方法，没有确定标准，就只能根据不同情况分别处理。"八佾舞于庭"，孔子斥为"是可忍也，孰不可忍也"，可见对季氏这种违礼举动非常不满，不过，相对于季氏其他行为，这只是鸡毛蒜皮的小事而已，我们在3.2.3说过，和孔子同时的鲁昭公实质上是被季氏放逐了，而在鲁昭公离国期间，"季孙行君事"（《左传·定公五年》杜预注解）。这是最典型的僭越，甚至可以算是乱臣贼子之行为；不过，孔子对此并无批评，而且更与季氏同朝共事，实际上就是当季氏的臣属，而其弟子子路、冉有等都曾做过季氏宰，替季氏家服务；更值得注意的是，阳虎专权之际曾经想把孟孙、叔孙、季孙三家都铲除（"欲尽杀三桓適"），而孔子在《论语·季氏》中竟然为这三家的衰微没落而感慨（"三桓之子孙微矣"）。

8.6 礼义之间的权衡

孔子为什么会同情季氏这乱臣贼子？因为孔子在守礼和合义之间做过了权衡。

史载，在孔子出生之前几十年，鲁国政权就已经落在孟孙、叔孙、季孙三家手中，因为他们都是鲁桓公的后代，所以称为三桓，其中季氏实力最为强大，《左传·昭公三十二年》曰："政在季氏。"三桓虽然僭越，但总体而言政绩是相当不错的，而且赢得列国尊重；《左传·成公十六年》中，鲁国宣伯（叔孙侨如）意图侵夺孟献子和季文子的权力，对晋国进谗说季、孟二人对晋有二心，希望借刀杀人；但当时鲁国大夫子叔声伯指出："则夫二人者，鲁国社稷之臣也，若朝亡之，鲁必夕亡"[1]；同时晋国大臣范文子也为季文子辩护，说他非常节俭，家中"妾不衣帛，马不食粟"，不能这样对待忠臣，否则其他诸侯不会接受；这和《左传·襄公五年》记载季文子去世时家中并没有什么金玉重器互相吻合。《左传·定公九年》载鲁国叛臣阳虎要求齐国兴兵伐鲁，但齐国鲍文子加以劝阻，因为"上下犹和，众庶犹睦，能事大国，而无天菑"[2]。种种证据都显示，三桓治理鲁国是非常不错

---

[1] 这两人是鲁国的栋梁，他们早上死去，鲁国晚上就会灭亡。

[2] 鲁国君臣上下彼此合作，人民百姓相处和睦，对大国能够尊重，国内没有天灾。

的。季氏后人虽然不如季友、季文子出众，但总体而言也相当称职；所以虽然季氏放逐了鲁昭公，但鲁国人民未有太多微词，3.2.3 史墨所说"鲁君世从其失，季氏世修其勤"，可说是对季氏施政实绩的公允总结。

孔子显然是认为季氏在合义方面的表现足以弥补违礼方面的过失，因此愿意为季氏工作。这种质、量兼顾的态度也可以从他对管仲的评价中清楚看到，在 4.4.3 中我们说过管仲的作为，并非出于仁心，只是想自己建功立业，扬名于世，不过他的施政实绩却毫无疑问实践了仁行，建立了仁功。

在上文 4.4.2 的引例中，子路、子贡都质疑管仲不为公子纠殉死，可见时人认为他德行有亏，孔子对此全不反驳，大概也是认可的。此外《论语·八佾》中孔子更指出管仲生活奢侈，超逾礼制，最后甚至批评道："管氏而知礼，孰不知礼！"[1]

不过，对这样一个臣节有亏、生活奢侈、不守礼法的人，孔子最后仍然称之为"仁"，显然是因为"民到于今受其赐"的合义程度可以远远盖过个人违礼的严重性。孔子考虑问题，不会只是考虑性质，还一定顾及程度；在这方面

---

[1] 如果管仲都算守礼，那么还有人是不守礼的吗！

《孟子·告子下》替孔子做了极好的说明：有人问孟子的学生屋庐子，礼节和食物以及女色相比什么更重要？屋庐子说是礼节，对方跟着说："符合礼节的话，你会饿死，不守礼节就可以得到食物，是否还一定要遵守礼节呢？用合礼的方式去迎娶就娶不到老婆，用不合礼的方式则可以娶得到，你是否仍然要用合礼的方式呢？"屋庐子回答不了，就向孟子求救。孟子说："要回答不难呀！我们说黄金比羽毛重，不是说三钱多的黄金比一车子的羽毛重吧，你现在把食物／女色中影响重大的和礼节中影响轻微的作比较，不就显得食物／女色更重要吗！再去跟对方说吧：如果要扭断兄长的手臂才得到食物，否则得不到，那么你会扭断吗？如果要跳墙过去强抱着邻家未出嫁的女儿才会娶到老婆，你会强抱吗？"

量的考虑也可以见于孝、顺的问题。孝，古代只单称，学理化一点就称为孝道，不过后来就慢慢演变成孝顺，孝和顺连成一词，合为一体，似乎孝者必顺，不顺则不孝。这种想法可溯本寻源至孔子，《论语·里仁》里说，奉事父母时，（看到他们做得不对）要婉转地谏阻；如果父母不肯听自己意见，那仍然要恭恭敬敬地遵从，即使做得辛苦也不要抱怨。[1] 尽管是父母不对，但为人子者仍然要遵从，这种"顺"已经入于不问是非，不管对错了。同样原则亦见于《礼记·内则》：儿子尽管很喜欢妻子，但父母不喜欢，那就要把她休弃；反之，儿子不喜欢妻子，但父母喜欢，觉得对自己很好，那么儿子就仍然要终生好好待妻[2]；父母的好恶也可以到了凌驾儿女意愿的地步。

不过，这种以尊凌卑的原则不也见于君臣之间？前文已经指出，臣子对君主当然要尊重服从，但这种尊重服从并非绝对的，要视乎合理不合理，有必要时就要反对；在父子之间是否也应该体现相同原则？《孝经·谏诤章》有一段很有意思的讨论，曾子问孔子：儿子遵从父亲的命令，是否就是孝呢？孔子对这种想法大不以为然，他用天子、诸侯、大夫、朋友、父母为例，指出他们之所以可不犯失天下、失国、失家、失令名、陷于不义等严重错误，是由于得到争臣、争友、争子的谏阻，"争"这个词用得非常精到，就是不惜犯颜违逆，据理力争，后代"谏诤"之诤即由此衍化

---

[1] 事父母几谏，见志不从，又敬不违，劳而不怨。

[2] 子甚宜其妻，父母不说，出；子不宜其妻，父母曰："是善事我。"子行夫妇之礼焉，没身不衰。

而来。[1]

《孔子家语·六本》曾子耘瓜的故事是很多人都知道的，立意也一样；父亲不过一时狂怒，如果任由他责打而令自己遭受严重损伤，只会令父亲犯下难以挽救的错误，这时就不能够顺从任他打了。从这个故事中可以归结出以下原则：在小问题上，可以无原则地顺从，但在大问题上，则是非要超越孝顺，也就是所谓"小棰则待过，大杖则逃走"。《孝经·谏诤章》的失天下、失国、失家、失令名、陷于不义等因为是大问题，所以也不能不"争"；上编 5.6.2 提到《礼记·檀弓下》中陈乾昔死前要求儿子用两婢女殉葬，他儿子因"以殉葬，非礼也"为由不遵父命，《礼记》不仅没有视为不孝，而且正面认可；"死生事大，人命关天"，在这样的大问题上绝对不可以盲目顺从，所体现的也是相同的原则。当然，除了陈乾昔一例涉及两婢生死之外，《孝经·谏诤章》《孔子家语·六本》两例的理据都是"不能陷君父于不义"，而《论语·里仁》《礼记·内则》两例则以父母意向为先，

---

[1] 曾子曰："……敢问子从父之令，可谓孝乎？"子曰："是何言与，是何言与！昔者天子有争臣七人，虽无道，不失其天下；诸侯有争臣五人，虽无道，不失其国；大夫有争臣三人，虽无道，不失其家；士有争友，则身不离于令名；父有争子，则身不陷于不义。故当不义，则子不可以不争于父，臣不可以不争于君；故当不义，则争之。从父之令，又焉得为孝乎！"

首要考虑仍然是尊长的利益与意愿，清楚显示了儒家文化向权威倾斜的趋向（参下编 3.8—3.9），不过在这个倾斜趋向之中，同时也可看到要根据其中的是非对错进行量的衡量，儒家没有把问题绝对化。

至于《礼记·内则》涉及择偶婚配，这问题是大或是小，则要视乎时代；古代婚姻以传宗接代为目的，父母之命、媒妁之言至上，儿女意愿显然属于小问题；今天尊重婚姻自主，重视感情关系，儿女意愿自然是大问题了。

《论语·里仁》曰"见志不从，又敬不违"，不过没说明限于什么程度，什么情况；话没说清楚，这是《论语》的一贯毛病，后人把这种"不违"绝对化，把尊卑之间的权威关系绝对化（参下编 3.8 引朱熹《戊申延和奏札一》），完全忽略量的考虑，终于就造成了吃人的礼教。《孝经·谏诤章》和《孔子家语》"曾子耘瓜"中的孔子、曾子对答，说不定就是要弥补《论语·里仁》没把事情说清楚的不足而虚构出来的。

8.7 量的考虑贯穿整本《论语》

量性上的考虑在《论语》中其实是相当一贯的，上文 4.3《论语·阳货》"宰我问三年之丧"一段我们都把注意力集中在"仁"的讨论方面，但为什么孔子要求守丧三年，而不是两年或四年？理由是"子生三年，然后免于父母之怀"。父母去世，我们会寝食不安，这情感反应是人的本性，由其质性决定，但以守丧三年回报三年父母之怀的理据却是量性上的对称性。

量性考虑在"报"的问题上也极为重要（以三年之丧回报三年父母之怀，其实也是报的一种），《论语·宪问》中有人问孔子是否应该"以德报怨"，孔子不同意，指出应该"以直报怨，以德报德"；这段话在《礼记·表记》中表述成"以德报德，则民有所劝；以怨报怨，则民有所惩"[1]。《礼记》的改动似乎更清楚明白了，但其实却忽略了《论语》原话中非常重要的一面，"以怨报怨"，只强调"报"在质性上要相同；但"以直报怨"还指出要兼顾报的程度，其"报"要不多不少，恰如其分，一旦过当就不是"直"了。《左传·宣公十一年》有一个很贴切的事例：当时陈国的夏徵舒淫乱弑君，楚国加以讨伐，先把夏徵舒杀了，再把陈改为楚国的一个县。楚国的大臣申叔对此很有意见，他赞同诛杀夏徵舒，但反对改陈为县，举了这样的譬喻：拉牛走过时践踏了别人的庄稼，这人当然不对，但如果因此就把他的牛抢过

---

[1] 别人对你好，你也对他好，这样做好事的人就会受到鼓励；别人对你坏，你也对他坏，这样做坏事的人就会知所收敛。

来，那惩罚就未免过重了[1]。

对方造成损失，你要求赔偿，这是应该的，但如果要求赔偿的量和实际损失的量不相称，那就并非"以直报怨"而是"以枉报怨"，变成《汉书·地理志》所说的"报仇过直"了；是德是怨都要报，但所报与所施在质与量方面都要相称，这才是直，而无论直与不直，脱离了量都无从说起。同样的原则亦见于《左传·襄公十四年》所载公孙丁、庾公差、尹公佗三个人之间的一件事。他们三人在射艺上是师公、师父、徒弟的关系，在一次战事中庾公差、尹公佗同为一方，追击公孙丁的一方，庾公差考虑到公孙丁是自己师父，不应忘恩负义，所以只象征式地射了一下就回来，但尹公佗认为公孙丁并没有直接教过自己，关系较疏，所以后来又再追了上去。庾公差面对师父就退回来，尹公佗面对师公则追上去，一退一进，关键在于与公孙丁关系的亲疏程度，亲疏也是量的概念。

必须从这个角度理解，才可以明白何以孔子和孟子对违法行为有不同态度。《论语·子路》的"其父攘羊"和《孟子·尽心上》的"瞽瞍杀人"都是非常有名的例子；前者是

---

[1] 牵牛以蹊者，信有罪矣，而夺之牛，罚已重矣。

父亲偷了羊，后者是父亲杀了人。父亲偷了羊，孔子认为做儿子的应该替父亲隐瞒；父亲杀了人，孟子认为儿子即使贵为天子，也不可以运用权力禁止官员执法，只可以带着父亲逃跑。

背后的考虑很简单，偷羊固然有罪，但不是大罪，为了父子之情替他隐瞒是可以接受的（也易于私下作出赔偿）；但人命关天，杀人是重罪，如果父亲杀了人，那就不能妨碍司法公正禁止执法人员履行职责了。偷羊和杀人都是违法行为，同质但不同量，因此可以分别对待。父子亲情和奉礼守法都非常重要，但有时要以父子亲情为重，有时要奉礼守法，因为不同事件有不同的严重程度。

《论语》中清楚出现量词的不少，例如：

> 父在观其志，父没观其行。三年无改于父之道，可谓孝矣。[1]（《学而》）

> 季文子三思而后行。子闻之曰："再，斯可矣。"[2]（《公冶长》）

---

[1] 父亲在世的时候看他志向，父亲去世之后看他行为，三年都没有违离父亲的方向，那就可以称之为孝了。

[2] 季文子做事是考虑三次才实行的；孔子知道之后说，两次就够了。

孔子推重孝道，尽人皆知，但他只要求守孝"三年"而非"终生"，应当是由于对人性了解透彻，知道"终生"强人所难，所以只提出"三年"这个有节制的要求；相对于佛家的禁绝，儒家向来只强调节制，禁绝是 100 和 0 的对立，但节制则是 90 和 10、50 和 50、10 和 90 之类的关系，是量的考虑。孔子在《论语·述而》中曾经教育子路办事时要谋定而动，以期达至成功（"好谋而成"）；但谋定就要动，不能迟疑不决，所以孔子提出考虑"两次"就够，也是从量的恰当与否着眼。

至于《论语》中虽未明言，但其中隐含量的观念的还见于以下语段：

> 质胜文则野，文胜质则史；文质彬彬，然后君子。[1]（《雍也》）
>
> 不得中行而与之，必也狂狷乎；狂者进取，狷者有所不为也。[2]（《子路》）

---

[1] 过于质朴会流于粗陋，过于雕饰会流于虚浮；要本质和文饰配合得恰到好处，才是君子之道。

[2] 找不到符合中庸之道的人交往，那就要找些或狂或狷的了；狂的进取，狷的洁身自爱。

> 小不忍则乱大谋。(《卫灵公》)
>
> 大德不逾闲,小德出入可也。(《子张》)

在纷纷纭纭的"量"之中,有些比较容易计算,有些却只能作相对主观的评估,前者如踩坏了的庄稼,要计值赔偿大概不难;但文与质怎样才算恰到好处?怎样就会变成过分进取的狂?怎样又会陷于过分洁身自爱的狷,都没有清晰标准,孔子之所以把"权"置于共学、适道、立身之后,视为最难拿捏得当之事,显然是他深有体会之后的经验之谈。

8.8 孔子是这样去做抉择的

孔子对以臣弑君而得天下的周王朝非常拥护,对弑君的赵盾显出某种同情,与僭越夺权甚至放逐鲁昭公的季氏合作共事,但却力主要讨伐弑杀齐简公的陈成子。对周武王、赵盾、季氏与对陈成子的不同态度其实决定于相关君主的"不君"程度,商纣为虐天下,天怒人怨,晋灵公狂悖贪婪,残害忠良,两人都是"不君"至极的代表,所以周武王、赵盾(真正行事的是赵穿)所为都有吊民伐罪的性质,被弑者罪有应得,行事者救民于水火,因此得到孔子认可;至于季氏虽曾逐君,但并未弑君,而且还"世修其勤",得到人民接受，所以季氏并非很"不臣"，因此孔子愿意与他共事。但陈成子的情况却大不一样，按《史记·田敬仲完世家》所载，陈氏觊觎君位，早有预谋，刻意利用权力收买人心，相反被弑的齐简公按史乘所载并无恶行，唯一的失误不外乎宠信陈氏的政敌阚止，在双方内斗中触发陈氏家族的篡弑行为而已，齐简公并非"不君"，而陈成子却"不臣"，所以孔子要求越境讨伐。

可以概括如下：孔子首先承认合礼的世袭君权具有不言而喻（by default）的正当性，不接受"彼可取而代之也"那种取决于力量强弱的实力政治，这是他要讨伐陈成子的潜在依据，因为陈成子弑君夺位，遵循的正是有能者取而代之的丛林法则。不过，君位世袭虽然合礼，却不是取得正当性的充分条件，为君者必须履行为君之道这正名论所提出的要求，也就是同时要合义。君位来自世袭而君主又能履行为君之道两个条件都具备当然最理想，但如果只有前者而无后者，就会出现"君不君"的情况，这时就不能不从中作出取舍，以合礼为主或是以合义为主；不过其中取舍却并非纯粹质性的比较，不能截然先礼后义或先义后礼，还必须做量性的考虑，即考量"不君"的严重程度，程度严重的则合义凌驾合礼，不严重的则反之。这是我们从孔子对武王、赵盾、季氏、陈成子的态度评价中逆推出来的，由于孔子从未正面讨论"君不君"时当如何应对，因此只能根据他对弑逐君主的几个人臣的评价作此推论。商纣王、晋灵公、鲁昭公、齐简公的"不君"程度由高而低，而孔子对"不臣"的周武王、赵盾、季氏、陈成子的态度亦相应由拥护至同情至合作至贬斥，关键正在于量性的考虑。

从孔子对历史人物的评价中可以看到，他考虑问题，不会只是从质性着眼，还一定顾及量性；一向以来不少研究《论语》和儒家的人很着重探讨孔子道德上的取态——孔子赞成什么、反对什么，而不考虑他在什么程度上赞成，在什么程度上反对。这些人大多是道学家，他们最着重的是怎样做道德上"对的事"（the right thing），却忽略了孔子其实首先是一个政治家，他也必须关心怎样做现实中"好的事"（the good thing）；做了道德上对的事，反躬自问，固然可以无愧于心，但必须也做现实中好的事，济世救民，才可以无负于人。

孔子作为一个政治家，绝对不可能只满足于问心无愧，而眼前却是内忧外患，饿殍遍野；韦伯（Max Weber）在《政治作为一种志业》长文文末指出，从政者有两种取态，一是诉诸信念伦理（ethics of conviction），另一是遵照责任伦理

(ethics of responsibility)，前者按自己认为正确的去做，后者则先考虑事所带来的结果——对社会的利弊，对民众的影响，以此尽为政者之责；不问后果，自以为是，一意孤行，这种人根本就不应该从政。政治家要考虑的，不能只是对不对，还必须是可行不可行，而其间必须作出种种折中；事物的量性，就是在什么地方做折中，可以做什么折中的重要参数，忽略了量性角度，根本就无法准确了解孔子。《论语》中"其父攘羊，而子证之"一段，一向都被视为孔子乃至于儒家缺乏法治精神，先情后法，宁愿以法徇情的例证，现在看来，这种说法其实是有点不着边际了，就好像有人要论证究竟是 A 大于 B 还是 B 大于 A 的时候，没考虑过其实 A 和 B 出现的时候一定会各自乘以某个变量，在未确定这两个变量的值之前，这个论证是根本无法进行的。我们常说两害相权取其轻，反过来也就是两利相权取其重，视其轻重而定，这就是孔子的取态。

毒理学（toxicology）中有一个非常重要的认识，很值得我们参考——毒性（toxicity）和剂量（dosage）是两个不能分割的概念。简单地说，就是离开了具体的剂量，即无法判定一样东西是否有毒。用我们人人都熟悉的东西来说吧，水，医生时常叫我们多喝点，但如果在短时间内饮用大量的水，就会破坏体内电解质的平衡，令很多机能不能正常运行，结果会造成水中毒，那你说水有毒还是无毒？盐，医生总叫我们少吃点，免得引起高血压什么的，但盐其实是人体不能或缺的，如果盐的摄取量不足，也会造成血压及其他种种问题，严重的话同样导致死亡，反过来，如果短时间内食用大量的盐，也会因急性肾衰竭而致命。蛋白质是构成人体组织的必要物质，但吸收太多就会累积变成脂肪，引起种种心血管问题；脂肪累积太多当然会引起种种健康问题，但脂肪又是人体必需的，否则脂溶性维生素无法吸收，细胞膜的制造和机能也受影响。蛋白质、脂肪对我们是好是坏？不少细菌、病毒可以置人于死地，但如果把这些细菌、病毒弱化，就可以变为疫苗帮助防患有关疾病。离开了具体数量，离开了强弱程度，事物是好是坏就不知从何说起！《论语·阳货》"好仁不好学，其蔽也愚"，仁是孔子最强调的品德，但也不是越"仁"越好，而要像《论语·子路》中孔子所说的"不如乡人之善者好之，其不善者恶之"。《论语·先进》的"过犹不及"、辛弃疾《沁园春》的"物无美恶，过则为灾"，说的都是这个道理。《论语》中有一处孔子明确提到无须理会量，那是指喝酒，即《乡党》："唯酒无量"，不过下面跟着就补上一句"不及乱"——以不至于迷乱为准；绕了一圈，最后仍然回到量的考虑。

莎士比亚话剧《恺撒大帝》第 3 场第 2 幕中，恺撒好友布鲁图斯（Brutus）参与刺杀恺撒行动之后，说了一句传颂至今的名言："不是我不爱恺撒，而是我更爱罗马。"（Not that I loved Caesar less，but that I love Rome more.）

视乎具体情况中两方的轻重，这也可以用来代表孔子在合礼和合义之间是如何作出抉择的。

第九章 直：孔子的常情主义

9.1 人之常情：人的自然情感反应

我们花了不少工夫去讨论孔子的"仁"和以"仁"为核心推导出的儒家伦理原则。"仁"就本质来说，是我们未经扭曲的自然情感反应，只要稍作反观内省，任何人都可以轻易体会到这一点；由孔子的"仁"而至孟子的"义"，同样是自然情感反应，同样可以通过反观内省轻易察觉。《河南程氏遗书》卷五《二先生语五》"孔子言语句句是自然，孟子言语句句是实事"，形容得非常精到；可以说，人的自然情感反应是儒家伦理的基底，用一个字去表示，可以称之为"直"。仁、义是"直"之中最重要的两种，因为群居生活、社会和谐非此无法以维持，但以"直"为基底的伦理原则却并不限于仁、义两种。

9.2 报

还记得小学时，总有一两个同学和自己关系特别要好，有什么好吃的分些给你，有什么好玩意也一定把你叫上一起玩儿；对这样的同学，如果自己有什么好吃好玩的东西，也一定不会不想着他们吧？

> 投我以桃，报之以李。(《诗经·大雅·抑》)
> 投我以木瓜，报之以琼琚。(《诗经·卫风·木瓜》)
> 你敬我一尺，我敬你一丈。
> 滴水之恩，涌泉以报。
> 有仇不报非君子，有恩不报枉为人。
> Quid pro quo（投桃报李）
> give and take（有予有取）
> tit-for-tat（一报还一报）
> you scratch my back and I'll scratch yours（你替我擦背，我也替你擦背）

或雅或俗，或古或今，或东方或西方（外文第一例是拉丁文，但已经成为现代英语语汇），都显示了相同原则——别人怎样对你，你也怎样对他；这些道理父母师长可能都教过我们，不过老实说，即便不教，我们自己也会这样做。父母师长的话，与其说是由上而下的道德训诫，毋宁说是常人之间的事实描述，指出了人的自然情感反应，这是古今中外皆然的。《礼记·曲礼上》："太上贵德，其次务施报；礼尚往来，往而不来，非礼也，来而不往，亦非礼也。"[1]有所施则有所报，对己对人都是如此，这种自然情感反应已经成为礼，反过来说，礼是基于人类的自然情感而设定的。

其中"太上贵德，其次务施报"这两句话特别有意思；最高境界是只做好事，不求回报，但最高境界并不是常人所能企及的，只会流于空想，更为务实可行的做法是降低一个层次，令人人都做得到，也就是"你怎样对我，我也怎样对你"，礼之所以要求有来有往，就是根据这个层次而设定的。孔子之所以重视礼，因为孔子知道他所面对的是常人，不是圣人，一旦违反了人之常情，那就什么都做不了，所以只能取法乎中，不能取法乎上。柏克（Edmund Burke）是18世纪英国保守派政治家和思想家，他在《反思法国大革命》一书中部略后处说了几句话，很可以作为孔子这种取态的脚注："对这些，我之所以都容忍接受，因为我是一个人，必须和人相处——我不可以不接受人的软弱，除非这些软弱滋长成为罪恶。"

《论语·宪问》中孔子之所以反对以德报怨，而主张"以

---

[1] 最高境界是只做好事；低一个层次，就要求有付出有回报，礼以有来有往为上，如果只是往而不来那就不合礼了，只是来而不往也是不合礼的。

直报怨,以德报德",所反映的也不过是这个原则;第八章谈到的"宰我问三年之丧"那一段,孔子所根据的也是相同原则,因为"子生三年,然后免于父母之怀",由此守丧的长短才定为三年。

可将儒家的这一立场和其他文化的宗教作一比较。《新约·马太福音》5.39:"有人打你的右脸,连左脸也转过来由他打",这是儒家所不同意的,因为太违反人之常情。伊斯兰教在这方面则有所折中:

> 如果你们要报复,就应当依照你们所受的伤害而报复。如果你们容忍,那是对容忍者们的好。(《古兰经》16.126)
>
> 凡能忍受而加以赦宥者,他们的那种行为,确是已决定的事项之一。(《古兰经》42.43)
>
> 受人欺侮而进行报复的人们,是无可责备的。(《古兰经》42.41)

虽然推许作出宽恕的人,但同时肯定报复是可以的,不过也定下和儒家"以直报怨"一样的条件——不可过分:

今以杀人者抵罪为你们的定制，公民抵偿公民，奴隶抵偿奴隶，妇女抵偿妇女。(《古兰经》2:178)

你们当为主道而抵抗进攻你们的人，你们不要过分，因为真主必定不喜爱过分者。(《古兰经》2.190)

这其实和《旧约》中的道德原则很接近，《出埃及记》《利未记》《申命记》中都有"以眼还眼，以牙还牙"的类似说法，虽然没有明言"不可过分"，但如果细看文意，意思也相同；以《利未记》为例："打死人的，必被治死；打死牲畜的，必赔偿牲畜；以命偿命。如果有人使他的同伴伤残；他怎样待人，人也必怎样待他；以伤还伤，以眼还眼，以牙还牙；他怎样使人伤残，人也必怎样使他伤残。"要报复，报复的程度则要与罪行相称，其实也就是儒家的"以直报怨"。

佛教虽然不赞成报复，不过却很强调果报，东晋慧远大师著《三报论》，谓有现报、生报、后报三种报应，分别于今世、来世、其后若干世出现，和《易·坤·文言》的"积善之家，必有余庆；积不善之家，必有余殃"意思一样；从另一个角度看可以说，佛教之所以认为我们不应该报复，只是因为因果律自然会替你作出报复而已。其实，甚至法律也隐含了相同原则，犯罪就要接受法律惩罚，逍遥法外则有欠公平，这也是"报"，只不过执行者不是儒家、伊斯兰教、《旧约》中的个人，也不是佛教的因果，而是国家社会而已。

简言之，就个人来说，《新约》认为不应报复；伊斯兰教认为可以报复；《旧约》和儒家则认为应该，而且有时必须报复；而伊斯兰教、《旧约》和儒家都强调报复时程度必须适当。佛教和社会法律虽然不接受以个人身份作出的报复，但实际上同样认为"一报还一报"才合理，只不过这种"报"不该由受害者一方执行而已。

《礼记·曲礼上》下面这一段没有指明是孔子的话，但显然是以直报怨原则的具体化："父之仇，弗与共戴天；兄弟之仇不反兵；交游之仇不同国。"[1]《礼记·檀弓上》另有一段子夏和孔子对答，除了某些细节出入之外，也基本上和这段一样。

我们今天时常强调要宽恕，有恩报恩固然好，但如果有仇报仇，那冤冤相报何时了？不过，"以直报怨"不能简单理解为"有仇就要报"，否则就会把其中的"直"曲解

---

[1] 遇上杀父之仇就不能跟仇人活在同一天空下，一定要斗个你死我活；遇上兄弟之仇，要一见面就打，连回家拿兵器也等不及了；朋友之仇，除非对方已经离开了这个国家，否则也是要报的。

了，8.7已经指出直或不直必须包括对"量"的考虑，《春秋公羊传·定公四年》这一段更说明也不能忽略对"质"的省察——应不应该"直"："父不受诛，子复仇可也；父受诛，子复仇，推刃之道也。""直"是自然而然，不加扭曲的反应，因自己的至亲知交被杀而愤怒，萌生复仇之念，这固然是"直"，但不够全面；因为人除了愤怒之外，同样有是非心、羞耻感，如果自己的至亲知交自己行为不当，以致受到应有惩罚，那么我们的是非心、羞耻感就会令自己理不直，气不壮，愤怒不起来，一如《孟子·公孙丑上》所说"行有不慊于心，则馁矣"[1]。"有仇报仇"是野蛮人动物性的"直"，"应该报仇，方行报仇"才是文明人道德性的"直"，才可以作为社会中的行为指引。

更有一点不能忽略的是，报仇，就报仇者主观而言，虽然只是复仇心理的满足，但合理的报仇客观上也具有社会功能，可以体现公义，令罪行受到惩罚，令效尤者知所收敛，正如上文8.7《礼记·表记》所谓"以怨报怨，则民有所惩"，只不过执行者不是国家而是个人而已。那么问题来了，为什么不是由国家执行而要自行报仇？

---

[1] 心中不踏实则心虚胆怯。

自行报仇，不报官，不通过正规司法程序，今天看起来不符合现代法律原则。但通过司法机构按程序解决问题其实是现代国家出现后的观念，韦伯在前引文起首部分指出，"现代国家"的特征之一是对惩罚具有垄断权，而韦伯所称的"现代国家"，福山在《政治秩序的起源》第二部分第 8 章"大汉体制"中指出在秦汉时代就出现于中国；在孔子那个时代，国家没有对惩罚的垄断权，也没有一个中央政府组织进行司法程序，士族一般都有私人武力，问题由自己解决是当时正当不过的社会习惯。其实欧洲也一样，流行以决斗方式解决问题，虽然罗马教廷 13 世纪对此已持否定态度，但决斗一直到 20 世纪初才完全销声匿迹；美国奠基者之一汉弥尔顿（Alexander Hamilton）和俄国著名诗人普希金都是在 19 世纪死于和人决斗。

　　《周官·秋官·朝士》有这样的规定："凡报仇者，书于士，杀之无罪"[1]；《周官》所说不知是当时实况还是虚构的理想制度，但至少可以看出，即使在虚构的理想之中，虽然政府也有一定程度的介入控制，但最后仍然归由私人武力解决；直到《韩非子·五蠹》提出"无私剑之捍，以斩首为

---

[1] 要报仇的先向当时的司法官备案，这样报仇就不算犯罪。

勇"[1]，才算开了禁止私人武力解决的先河。

9.3 差序格局

从《礼记·曲礼上》那一段可以看出，同是报仇，但迫切程度会按被害者和复仇者关系的亲疏递减，那也是儒家伦理文化中等差观念的表现。儒家是不主张爱人如己的，因为这不符合人的自然情感反应，有违"直"的原则；《论语·公冶长》中有这样一个事例，子曰："孰谓微生高直！或乞醯焉，乞诸其邻而与之。"[2]

如此热心，这不是很好吗，为什么孔子说微生高不"直"？不错，他是很好，但恐怕"太好"了；有人向你借点醋，有的话当然借，没有就说没有，让他自己再去问问邻家吧，何须你去邻家借来再借给他？朱熹批评他"要把功劳归到自己，令人感激"（"掠美市恩"）。朱熹多半是说错了，如果这个微生高就是为了不想失信，结果在桥下抱柱淹死的那一个，那他显然是个书呆子，怎么会想到掠美市恩那么复杂？

我们再来头脑实验一番：一个寒风凛冽的冬夜，你在回

---

[1] 不容许私人的好勇斗狠，以在战场上杀敌为功劳。

[2] 谁说微生高这人"直"呢！有人问他借点醋，（他家中没有）却跑到邻家借回来再给人。

家路上看到有人衣衫单薄,冷得发抖,如果你家中有多余的衣衫,多半会拿一两件出来给他穿上,说不定再给他一点热饭菜吃,但你会把这个人带回家住下吗?当然不会!不过,如果这个人是你的知己老友,先带回家住下,再慢慢想办法解决就不那么稀奇了;又如果,那个人原来是你失散多年的父或母,那带回家就不仅是先住下,而是考虑怎样一生照顾下去了。亲疏远近不同,我们的自然情感反应也不同,违反这情感反应处事,就不是"直",微生高之所以不"直",就在于他好得太过分了。

《孟子·离娄下》更虚拟了一个事例去说明:"今有同室之人斗者,救之,虽被发缨冠而救之可也;乡邻有斗者,被发缨冠而往救之,则惑也,虽闭户可也。"[1]不要误解孟子最后一句,不是说你不该去管,而是说管不管都可以。我们可以试试换上一个现代场景:一天深夜,爸爸忽然中风倒地,你迫不及待地把他送到医院,当然什么都顾不上,穿的可能还是睡衣;但如果只是朋友中风送医院,你想去看看可以帮点什么忙,那当然很好,但如果仍然匆忙得只穿着睡衣,那是不是有点奇怪?所以孟子称之为"惑"。

---

[1] 同室操戈,自己就算衣冠不整也要立刻跑去排解;但如果出问题的只是乡邻,你衣冠不整地跑去,就有点奇怪了,其实即使关上门不管也是没有问题的。

儒家的等差观念是贯彻于各个方面的，爱有等差，恨也有等差，正面的如何待人，负面的如何报仇，以至于亲人去世之后当如何居丧都根据亲疏而有区别。丧期有三年、一年、九月、七月、五月、三月，以斩衰、齐衰、大功、小功、缌麻等五服大略相配；报仇的迫切性区分为不共戴天、不反兵、不同国这几种；至于如何待人则《孟子·尽心上》这一段说得最明白："君子之于物也，爱之而弗仁；于民也，仁之而弗亲。亲亲而仁民，仁民而爱物。"

一如"你对我好，我对你好"，这些与其说是道德礼制的训诫规范，毋宁说是人性现实的客观描述。对物、对人、对亲，我们自然而然就会有这样那样的差别，只要我们再想想上面刚说过的，自己会如何对待一个冻馁的人，便能心头大明。儒家等差观的根据就是人的自然情感反应，这也就是孔子儒家的"直"。

等差之爱是儒家所提倡的，与之构成明显对比的是基督教的"爱人如己"，这一句也是基督教中时常为人引用的话，不过在和合本等较新的译本中，这一句已经改成了"爱邻如己"，而一般视为《圣经》英译经典的英王詹姆斯钦定本（King James Version）就是把《旧约·利未记》19:18（及《新约·马太福音》19:19 又 22:39）中的相关语句译作 Thou shalt love thy neighbor as thyself。不过《圣经》研究者指出，这是比较接近希腊文本的翻译，而根据希伯来文本，相关的字词不是"邻居"而是"伙伴"，泛指和自己有依存关系的人，在某个语境中也可以解为邻居。无论是邻居或伙伴，其中的人都是你所认识的，可见在《旧约》时代，你的所爱者也是限于一定范围的，这和孟子所说"同室之人"与"乡邻"要分别对待的思路如出一辙。《旧约》中的爱，也和儒家一样是有等差的。

不过，到了《新约》时代，这种思路就出现了改变。对这个所爱的范围，有人提出了疑问，《新约·路加福音》10.29—35 有人问：我的邻人是指什么人？对此，耶稣说了一个比喻，有人在旅途中给强盗抢劫，受了伤，你遇上了就要好好照顾。旅途中遇上的人当然是你所不认识的，既然对陌生人也要如此，很显然你所爱的要包括陌生人，而陌生人当然也就是任何一个"人"，这是今天所说"爱人如己"的真正根据，它不是来自《旧约》或《新约》某句的具体翻译，而是从耶稣那个譬喻中得到的诠释。

"爱人"弄清楚了，现在，让我们再看看"如己"，《路加福音》那个譬喻中耶稣是这样说的：

唯有一个撒玛利亚人，行路来到那里。看见他就动了慈心，上前用油和酒倒在他的伤处，包裹好了，扶他骑上自己的牲口，带到店里去照应他。第二天拿出二钱银子来，交给店主说，你且照应他。此外所费用的，我回来必还你。

撒玛利亚人是什么人？是犹太人和异族的混血后代，向来遭犹太人视为不洁而看不起，耶稣把这种理想的行为楷模设定在撒玛利亚人身上，用意了然——人无分种族贵贱，其爱如一。这肯定是很高尚可敬的行为，也肯定是"爱人"，不过，一个有仁人胸怀的儒者，一个心持悲悯的佛徒，一个敬主爱人的穆斯林，以至一个完全没有受过教育，没有受过任何宗教熏陶的普通人，只要符合具恻隐之心这"人之为人"的定义，在能力所及的范围内，何尝不会做出完全相同的善举？要这样做，其中不可或缺的只是"爱人"，并不包括"如己"，即"像对自己一样"；再说这段譬喻中，我们看到的，其实也只是不同宗教中的共同点"爱人"，并没有看到作为基督教特色的"如己"。

这里，有一位《圣经》学者的意见很有启发性，他指出《利未记》19.18 那一句如果要照字面译出来，其实应该是 Thou shalt love to thy neighbor……（要爱向别人）中间要加上一个介词"to"，这在英语中是不通的，不仅英语不通，希伯来文也不通，但为什么希伯来文中硬要加上去？这位学者这样解释，因为这一句的真正意思是 Do（acts of）love to your neighbor（要对别人施爱）as to yourself。

通俗一点说就是：要对别人好，一如要对自己好，说的是对人的态度，不是程度，这样理解就容易得多了，耶稣其实并没有为信众定下难以企及的标准，只是提出一个不同宗教、不同文化在道德实践上的共同要求——你对自己好，那么也对别人好吧。我们可以再看看客观事实，公元 4 世纪基督教得到罗马帝国皇帝君士坦丁接纳之后，一直是西方的主流文化，但即使在西方，有多少人在程度上是真能做到"（爱人）如己"的？一般人总是先关顾自己的家人，然后是自己的朋友，最后是邻里社群，由亲及疏，所以英国虽然以基督教为国教，不过英谚所说的却是 charity starts at home（善行始自家庭），这一句不是来自《圣经》而是来自民间，所反映的不是神圣的理想而是世界的真实。这和孟子所说的"亲亲而仁民，仁民而爱物"的等差之爱真的有很大区别吗？

9.4 富与贵，人之所欲也

仁、义、报、等差等都是自然而然的"直"，而且对物质的追求，对富裕生活的向往同样是自然而然的，也同样是"直"，所以孔子对此不加反对。

孔子除了在《论语·子罕》中说他自己懂得不少低下工作（"多能鄙事"）之外，没说过干过什么具体营生，倒是《孟子·万章下》讲了两种，一是"乘田"，二是"委吏"。"乘田"是管牛管马的，"委吏"是货仓管理员；牛马要越养越多越大，货仓则要账目清楚，孔子都干得不错。我们一提到孔子，就以为他整天摇头摆脑，只讲道德文章，这恐怕是出于以下两语的影响：

> 何必曰利，亦有仁义而已矣。（《孟子·梁惠王上》）
> 正其谊不谋其利，明其道不计其功。（《汉书·董仲舒传》，按：在《春秋繁露·对胶西王越大夫不得为仁》文中，这两句原作"仁人者，正其道不谋其利，修其理不急其功"。）

这些话我们耳熟能详，再经过朱熹等人大力发挥，令人产生一种强烈错觉，认为儒家把义、利两者置于对立地位，其实不仅孔子不是如此,即使孟子也绝非这样,朱熹等人所言其实大谬不然。

孔子固然重视做人为学,但也完全没有忽略人的物质欲望、自然需要,《论语·述而》说过:"富而可求也,虽执鞭之士,吾亦为之。"[1]孔子是不时提到金钱的,另一句是《论语·里仁》中的:"富与贵,是人之所欲也,不以其道得之,不处也;贫与贱,是人之所恶也,不以其道得之,不去也。"后代引用这些话的时候,往往只强调孔子不会追求不义之财,这固然没错,但却忽略了起头两句的开宗明义,孔子认同富贵是好事,是值得追求的;追求富贵是人的正常欲望,本身并没有问题,但不能不择手段而已。后来有人把这种态度简化为八个字,"君子爱财,取之有道"。

《论语·乡党》中有一大段文字描写孔子的起居生活,酒要喝家酿的,肉脯吃自制的,外面买回来的酒、脯不喝不吃;肉切得不好不吃,没相配的酱也不吃;不合时令的不吃;什么时节穿什么衣服,长短质料都有讲究,用今天的话说,就是对生活品质很有要求。

不过,你可能会疑惑起来,孔子不是在《论语·宪问》

---

[1] 只要不是不义之财,那么替人当差役我也会干的。

说过"士而怀居,不足以为士矣"[1]吗?《论语·学而》中孔子也说,"君子食无求饱,居无求安,敏于事而慎于言,就有道而正焉,可谓好学也已"[2],这不是自相矛盾吗?

看起来是有点矛盾的,不过首先要弄清楚"士而怀居"的"怀"是什么意思,任何人都有基本生活需要,当然要顾及柴米油盐,这没问题,但"怀"的意思不仅是顾及,而且是念念不忘,也就是整副精神都放柴米油盐上面,这样的话你还怎样专注于学习,怎样可以成为孔子心目中真正的"士"?同样道理,《学而》那一段说的应该是学习成为(名副其实的)君子时的应有态度——应该把生活要求降低而专注于学习,就像我们读大学时吃盒饭,几个人挤在宿舍一个小房间里一样;想想看,如果有个学生整天只讲究吃得好住得好,老师会怎样看他?

所以,如果"清高"是指视钱财如粪土,不问世事的话,孔子不仅自己不清高,而且也反对别人清高。《论语·泰伯》中有句话:"邦有道,贫且贱焉,耻也;邦无道,富且贵焉,耻也",国家无道,你大富大贵,意味着你同流合污,不理人

---

[1] 身为"士"而整天只想着柴米油盐,那就算不上真正的"士"了。
[2] 君子,吃不要追求吃得饱,住不要追求住得舒服;做事要勤快,说话要谨慎,接近品德端正的人令自己走上正道,这样做就可以称得上是好学了。

民死活，这样非常可耻，这很容易理解；但我们也不要忽略开首说的那几句——如果国家有道，种种条件都具备，但你既赚不了大钱，又找不到好工作，那你要不是懒惰，就是无能，又或者是既懒惰又无能，无论属于哪种情况，都是可耻的。

如果你说，我既不懒惰，也不无能，只是对财富权位毫无兴趣，那算不算清高？可能算吧，但《论语》中对这种清高虽然不加指责，肯定也不欣赏（参上文5.6.1）。《论语·微子》记载了这样的故事：子路有一次出行，遇到一位老先生，交谈起来，老先生对世事很看不惯，要退隐以求洁身自爱。子路其实也知道做官不容易做出成绩来，但他说了一句很能够凸显儒家精神的话：不出仕做官是不符合道义的——（不能为了）洁身自爱而违反重要的伦理原则！君子之所以出仕做官，因为要履行自己的道德责任，"不仕无义，欲洁其身，而乱大伦！君子之仕也，行其义也"；"不仕无义"不是动宾结构，不是说要拒绝为邪恶的长官服务，而是一个条件复句——如果不出仕做官，那是不符合道义的，因为出仕是身为儒者的基本责任；为了洁身自爱而违背这个大原则，是儒家所反对的。

为什么不出仕做官有问题？我们在前面几章都说过，因为儒家很强调服务精神，很强调个人对社会的责任，按儒家的想法，对社会尽责的最好途径就是出仕做官，这样才能令人民安居乐业，才是真正的道德实践。因此，有能力而不出仕为社会服务，这种做法是违反儒家理想的道德原则的。所谓"清高"，只不过是《韩非子·外储说左上》所说的"坚瓠"而已；什么是"坚瓠"？就是石头一样坚硬的葫芦瓜；葫芦瓜一般有两个用途，一是把瓜瓢挖空后用来盛酒盛水；另一是垂直切开两半，也把瓜瓢挖掉，用来勺水。而"坚瓠"硬似石头，看起来虽然结结实实很坚固，但瓜身剖不开，瓜瓢挖不出来，结果一无用处。清高的人也一样，道德好像很高尚，但其实对社会一无用处！上文5.4《孟子·滕文公下》谈到的齐国处士陈仲子就是这样的一个人，孟子很不以为然，《战国策·齐策》中赵威后更认为这种人把一般人都弄得无所事事的（"率民而出于无用者也"），甚至应该杀掉。

9.5 利与义是否矛盾

再说说孟子"何必曰利，亦有仁义而已矣"这句话，后来简称为"义利之辨"。"辨"是辨别，也就是要区分清楚，但我们可以不仅在概念上，而且在实际中把两者区分得一清二楚、置于对立的地位吗？要解决这个问题，首先要确定的是：义是什么？利又是什么？权贵个人的利益是"利"，但百姓的公利大利呢？是"义"还是"利"？请看看《孟子》是怎样说的，书中反复大倡王道仁政，这当然是"义"了，而王道仁政的具体内容是什么？

《梁惠王上》中孟子对梁惠王说，只要不妨碍农民的耕作日程，那粮食便会吃不完；不用细密的网在池塘捕鱼，那鱼鳖水产就吃不完；砍伐林木有定时限制，那木材会用不尽。粮食鱼鳖吃不完，木材用不尽，老百姓就能够养活家小，殓葬时也不会觉得有负死者了。老百姓养生丧死都没有缺失，这就是实行王道的第一步了。在五亩大的民居旁边种上桑树，五十岁的人可以有丝绸穿了；鸡鸭猪狗按时繁殖饲养，七十岁的人可以吃到肉食了。一家有百亩田地，耕种日程不受到妨碍的话，数口之家就不会饿肚子了。注重乡校的教育，强调孝敬长辈的道理，须发花白的老人就无须再肩挑头顶，在道路上奔波了。七十岁以上的人能穿上丝绸，吃上肉，老百姓不缺衣少食，做到了这些而不能称王于天下，是决不会有的。[1]

---

[1] 不违农时，谷不可胜食也；数罟不入洿池，鱼鳖不可胜食也；斧斤以时入山林，材木不可胜用也；谷与鱼鳖不可胜食，材木不可胜用，是使民养生丧死无憾也，养生丧死无憾，王道之始也。五亩之宅，树之以桑，五十者可以衣帛矣；鸡豚狗彘之畜，无失其时，七十者可以食肉矣；百亩之田，勿夺其时，数口之家可以无饥矣；谨庠序之教，申之以孝悌之义，颁白者不负戴于道路矣。七十者衣帛食肉，黎民不饥不寒，然而不王者，未之有也。

同样的一段话，在《梁惠王上》中孟子也对齐宣王讲了一次，可见这是孟子仁政中念念不忘的重中之重，里面说的都是经济活动、物质金钱，也就是现代的热门话题 GDP，这是义还是利？孟子那么重视 GDP，原因简单不过，因为不解决 GDP 问题，其他也就很难谈得上了，《孟子·滕文公上》下面这一段把这种关系说得很清楚：

> 民之为道也，有恒产者有恒心，无恒产者无恒心，苟无恒心，放辟邪侈无不为已；及陷乎罪，然后从而刑之，是罔民也。[1]

孟子口中的"恒产"主要指田地，在那个时候是养家糊口所必需的，如果连肚子都吃不饱，眼看着妻儿冻馁饥寒，一般人哪里还可以奉礼守法？欲养德，先饱腹，孝悌忠信的培养，必须立足在一个饱实的肚子上。

这种认识，绝不是孟子的一家之言，而是中国古人的普遍认识，最明显的证据是其中关系已经体现在字词之中；现

---

[1] 一般的平民百姓，有固定产业就有坚定的心志，没固定产业就没有坚定的心志。没有坚定的心志，就会放纵起来铤而走险，胡作非为，什么都干得出来了。等到他们触犯法网，然后加以处罚，就无异于设下罗网去陷害民众了。

代汉语中"流氓"一词我们都知道是指无赖恶棍,不过,"卿本佳人,奈何做贼",好好的一个人何以会沦落至此?原来"流氓"一词源于"流民",也就是流离失所的人。何以流离失所?因为失去田地,亦即孟子所说的"无恒产","无恒产"而又要维生,自然就被逼得什么都干得出来了,这样的人于是就成了流氓,其中的关系"文字化"了!

再看看《孟子·梁惠王上》这一段:

> 王如施仁政于民,省刑罚,薄税敛,深耕易耨;壮者以暇日修其孝悌忠信,入以事其父兄,出以事其长上。

行王道仁政,固然要包括省刑薄敛,教民养德。不过,首先仍然是令百姓可以专心耕作,保障经济生活,因为省刑养德也离不开经济条件,省刑最正本清源的做法是使百姓根本不去犯罪,也就是《论语·颜渊》所说的"必也使无讼乎";要做到这一点,那又要先令百姓有安定生活,而生活如何能安定?要有稳定收入。收入如何能稳定?要有固定田产(有恒产),田产如何能固定?产权或使用权应明确。所以《孟子·滕文公上》还有这样一句"夫仁政,必自经界始"(推行仁政的第一步是要把田地划分清楚)。说来说去都是同一个问题，一切仁政，一切道德培养，都要以 GDP 为先决条件！

有人可能会抗议了，要说的不是孔子吗？怎么讲来讲去都是孟子？

这个抗议也对也不对，虽然是孟子所言，但其实也是孔子的意思。只不过一如以往，孔子没孟子说得那么明白，所以上文才借孟子来讲孔子而已。请看《论语》中下面两段：

> 子适卫……"庶矣哉！"冉有曰："既庶矣，又何加焉？"曰："富之。"曰："既富矣，又何加焉？"曰："教之。"[1]（《子路》）

> 敬事而信，节用而爱人，使民以时。[2]（《学而》）

什么是"时"（适当的时候）？就是孟子的"不违农时"之"时"，这完全就是孟子后来反复申明的道理！《易·乾·文言》"利者，义之和也"，不仅不把"义"与"利"置于对立地位，反而彼此相成；可以说是《管子·牧

---

[1] 大意是孔子到卫国，赞叹人口繁衍，指出下一步是要改善百姓的物质生活，到人人生活丰足，才可以教民养德。

[2] 治理国家应该事事认真，言而有信；自己要节约，对民众要爱惜；动员民众要在适当的时候。

民》"仓廪实而知礼节,衣食足而知荣辱"的另一种表达。这其实是任何稍有常识的人都明白的道理,但后来的道学家竟然会视之为异端邪说,想来非常奇怪,可能是南宋国势虽然弱,但社会繁荣,经济富裕,那些道学家没挨过饿,也不常见到别人挨饿的缘故吧。如果要把孔子孟子请到我们的大学来开一个讲座,估计他们就要把"夫仁政,必自经界始"改为:"夫仁政,必自经济始",再流行一点的说法就是:"夫仁政,必自 GDP 始。"

在"不违农时"方面,日本 15 世纪下半叶至 17 世纪 150 年间的战国时代倒有不错表现,当时织田信长、武田信玄、丰臣秀吉、德川家康等虽然争雄天下,打得你死我活,但战役一般都在秋收之后,避开农忙,这就是"使民以时""不违农时"。那些战国大名是遵从了孔孟的教诲,还是出于现实考虑,知道经济不保就无力争雄,抑或两者兼而有之,这就不得而知了。

9.6 君子也有物质需要

孔子少年时代的经历令他很了解现实生活的压力,因此也很了解学生的需要。我们都听说孔子有弟子三千,虽然此说可能有点夸张,但所谓七十士多半有名有姓,大概不是虚构出来的。这些学生学成之后会做什么？或者更直接地说，这些学生求学的目的是什么？后代把孔子搬上神坛之后，孔子的弟子不多不少都带上了道德的光环。不过即使如此，除了进德修业之外，他们也是要填饱肚子，也是有父母妻儿要养活的，所以也一定要考虑就业谋生的问题。在第七章中我们说过，孔子最希望弟子出仕做官，既能够大展抱负，行道济世，又可有钱有地位，可谓利己利人，一举两得。

前面说过，孔子认为国家有道的时候，又穷又当不上官是可耻的事，现在我们更可以看到他甚至用做官的好处来劝学生努力学习。《论语·卫灵公》中孔子劝告学生"君子谋道不谋食，耕也，馁在其中矣；学也，禄在其中矣。君子忧道不忧贫"[1]。反过来，当学生不想做官而想去种田种树的时候，反而让孔子看不起，7.4 中他的学生樊迟就因此挨了批评。

不过也要注意，孔子虽然不反对关心柴米油盐，但反对"只"关心柴米油盐。前面说过，人总要吃饭，总要养妻活儿，对柴米油盐怎么能不关心！但如果你除了柴米油盐之外什么都不关心，就成了孔子口中的"小人"了。孔子关心柴米油盐，可以由《论语·雍也》这事例中看出来：孔子的学生子华

---

[1] 君子要考虑如何学习正道而不是谋求生计。种田的话，可能吃不饱；但努力学习，就很可能做官拿到俸禄。你要担心的不是穷困，而是没有学到好道理。

要离家出使齐国，他另一个学生冉有问孔子，要给子华的家人预备多少粮食呢？孔子说六斗四升吧，冉有说添一点吧，孔子再加了一斗二升八合。但冉有最后自作主张，给了八十石。孔子知道之后就把冉有教训了一顿，因为子华家境富裕，根本是不需要那么多粮食的；孔子最后总结："君子周急不继富。"

通过上面的例子，可以看到孔子对柴米油盐的斤斤两两也是相当注意的。《论语·为政》中他的高足子张问他怎样可以做官拿到俸禄，孔子没觉得这子张市侩，反而教他为官享禄之道。[1] 又有一些学生跟他学习了几年之后以为可以得到一官半职，但结果却没人聘用，心里不好受，这时孔子还会加以安慰，说"三年学，不至于谷，不易得也"[2]，这句话意思本来很简单，古代用谷物做工资，"不至于谷"就是当不上官拿不到俸禄。但后来的人把孔子神化了，好像完全不食人间烟火，只关心学生的学问道德，完全不管他们的现实需要，于是把上面这句话胡乱曲解，既违反文义，又违反孔子的为人作风，真是庸人自扰了。

---

[1] 子张学干禄。子曰："多闻阙疑，慎言其余，则寡尤；多见阙殆，慎行其余，则寡悔。言寡尤，行寡悔，禄在其中矣。"

[2] 学了几年还没一官半职拿到俸禄，（不用难过，）因为这本来就不是那么容易的嘛。

在孔子那个时代，教育是由贵族阶层为他们的子弟提供的，被官家垄断。孔子开始私人办学，交学费，他就收你做学生；做了学生，他就教你怎样去提高自己的修养，为当官做准备。这听起来很市侩，开玩笑地说，就好像一个补习班老师，这样的人有什么地方值得我们这样尊敬的呢？

没错，孔子虽然好像一个补习班老师，一样收学费，但学费只是孔子生活的必需，不是孔子生活的意义。孔子虽然教学生做官，但教的不是做一个只想升官发财的官，而是一个真能造福百姓的好官；他反复告诫学生，做官以求富贵没问题，但绝不能以此为唯一目的，如果有违本心，有违正道，应该辞官而去，正如《论语·先进》所谓"以道事君，不可则止"，否则就成了"国无道，富且贵焉，耻也"。孔子固然关心学生能不能够找到一官半职，但他更关心学生学问上、德行上的成长，颜回是他最欣赏的学生，但颜回却是一生都没有做过官的。

根据《史记·仲尼弟子列传》所载，孔子的学生把他看作父亲一样，他死后为他守丧三年，其中子贡更在墓旁结庐而居，守了六年的丧。一个老师，如果不是真正关心学生，爱护学生，而且有一种强大的人格感召力，学生是不会视之如父的。孔子最喜欢的两个学生都比他早死，一个是颜回，另一个是子路。颜回死的时候，孔子悲痛难禁；子路是在卫国内乱中殉难的，死后还被敌人剁成肉泥，孔子获悉死讯的时候正在吃饭，结果连肉酱都吃不下了（见上文6.1）。这里显示了孔子对学生真诚无私的关爱，这是孔子的"直"。

9.7 人之常情

前面说孔子怎样注意柴米油盐，怎样教人做官谋富贵，这不是他的市侩，而是他的务实，孔子是个脚踏实地的人，不是坐在云端放言高论的神。他的每一个教诲，都是基于人性的自然。孔子其实从来都没有要求我们做圣人，他只是要求他的学生做"好官"——做好一个官的本分，这就是孔子的理想世界。"理想世界"这个说法其实不是很理想，因为在孔子眼中，理想必须符合现实，理想世界必须能在现实世界中实现才能成为理想，否则只是空想而已。现实是什么？人有物质需要，有对富裕生活的追求，满足顺应这些需要和要求，这才是"直"。

9.8 人之常情的另一面

不过，在上文6.2和6.3中我们看到，如果只局限于仁，而不提出义，有些问题是无法解释的；同样，如果我们只看"直"的一面，不看它的另一面，那同样会有很大的缺失。诚然，同感、是非感、你对我好我对你好、由亲及疏有等差的关爱，这些都是人的自然情感反应；不过，畏怯、愤恨、嫉妒、欲求……何尝不是人的自然情感反应？再说下去，好逸恶劳、逃避责任、说谎吹牛虽然不属于情感反应，但同样是自然而然，可谓"不待教而后晓"的，否则我们就不会称之为人的劣根性，《荀子·性恶》也不会说"人之性恶"了。

孔孟主流儒家文化和基督教文化刚好相反，在基督教文化中，人一生出来就带着罪，即所谓原罪，人的整个灵性追求，就是怎样从罪中得到救赎，如何由负而正。而孟子那一派，也就是后来成为主流的儒家思想，则认为人性本善，人的道德修养，是保存天生的善，免于堕落，也就是说，怎样避免由正而负；《孟子·告子上》就用过"牛山之木"作譬喻，说齐国近郊牛山上的树木其实是非常茂盛的，只不过是由于日日砍伐和过度放牧，牛山才会变成光秃秃的，所谓"操则存，舍则亡"[1]，所以要好好养护天生的善性，后来朱熹所说的"明天理，灭人欲"就是这个意思。

不过，正如上文 5.4 罗素所说的，人如果没有了动物性的一面，其实是个残缺的人，"人欲"如果是指人作为人的一

---

[1] 持守着就可以保留下来，放下了就会失去。

般欲望,那就不应该"灭",而且事实上也根本灭不了,应该"灭"、能够"灭"的只应局限于"淫欲"——过分的欲望。这一点朱熹其实也有所认识,所以他同意人的正常欲望不算"人欲",也无须"灭",若将这也称为"人欲",就未免容易引起混淆了。

孔子如何对待这另一种的自然情绪反应,这另一种的"直"?不大清楚,但也有一些可循之迹。首先可能根本就不视之为"直",我们在 5.3 和 5.4 指出,孔子的"己"不是现实中任何一个"己",而是理想中典型化了的"己";同样道理,《论语》中的"直",也只限于具有正面意义的"直",这其实也是由于当时的语言习惯,因为汉语中"直"很早就已经用于褒义,例如:

> 周道如砥,其直如矢。(《诗经·小雅·大东》)[1]
> 申伯之德,柔惠且直。(《诗经·大雅·崧高》)[2]
> 平康正直。(《尚书·洪范》)

即使《礼记》"直情而径行"中的"直",也只能说是中

---

[1] 周朝的大道好像磨刀石一样平坦,好像箭矢一样笔直。
[2] 申伯的品德又宽仁又正直。

性，并不带有贬义，所以孔子的"直"只表示正面的自然情感反应，也是很自然的。

不过无论是否把另一种自然情感反应也归入"直"，那些情感反应依然存在，所以也一定要加以处理；其实方法很简单，"不及"的要鼓励加强，"过"的要适度压制，取中庸之道，避免出现"过犹不及"情况。无论是加强或压制，一是说之以理，二是动之以利（害）。

关于说之以理的，例如前面讨论过的：

> 邦有道，贫且贱焉，耻也。（《论语·泰伯》）
> 志士仁人，无求生以害仁，有杀身以成仁。（《论语·卫灵公》）
> 君子疾没世而名不称焉。（《论语·卫灵公》）
> 不义而富且贵，于我如浮云。（《论语·述而》）
> 见利思义。（《论语·宪问》）

关于动之以利（害）的，例如：

> 学也，禄在其中矣。（《论语·卫灵公》）
> 君子怀刑。（《论语·里仁》）

忿思难。(《论语·季氏》)

当然,也可以同时兼及两个角度,例如:

君子有三戒:少之时,血气未定,戒之在色;及其壮也,血气方刚,戒之在斗;及其老也,血气既衰,戒之在得。[1](《论语·季氏》)

在上文 5.4 我们指出孔子是反对强行禁绝"克伐怨欲"的,但不禁绝当然也不意味可以完全放任,只要带入其他角度的考虑,就自然会产生一定作用,人有理想的追求,也有利害的考虑,孔子对弟子的教诲,和今天父母老师对子女学生的教诲其实没有什么大分别。

---

[1] 君子有三件事要戒惧:年轻时,容易把持不定,要对女色有所戒惧;年壮时,血气旺盛,要对好勇斗狠有所戒惧;年老时,血气衰败,要对贪婪有所戒惧。

下 编

近人的孔子思想研究，往往偏重于道德理论和个人修养，视孔子为哲人、教育家。孔子之为哲人、之为师表没人否认，不过，也不能忘记，孔子首先是个政治家，《孟子·滕文公下》说"孔子三月无君，则皇皇如（按：惶惶然）也"，不能从政就坐立不安；他在季氏主政的鲁朝廷出仕，不得志后周游列国，大半生行止，都可以看出旨在"行道"，追求博施济众，这和朱熹多次辞官"传道"，向往授业解惑，取向完全不同。可以说，孔子的道德理论和个人修养，只是始点，不是终点；他的种种教诲，非止于教人如何做人，更在于如何做官，孔子的理想人物——君子，不仅是好人，更是好官。

儒家尤其孔子的政治社会构想已经是中国两千多年的政治现实，不触及这层面会有严重缺失；不过，这却往往是现代不少儒家论者有意回避的，在他们眼中，孔子、儒家在这方面和西方思想方枘圆凿，有违西方主流价值。方枘圆凿是事实，但能否以西方主流价值为唯一价值，"有违"者即缺乏价值？这却是并未好好回答过的问题；何况，这更是儒家思想的核心部分，是不能回避，必须正面响应的。下编即就儒家论者时常避而不谈的四个课题进行探讨：

1. 儒家政道和西方主流政治思想有何歧异与得失？
2. 儒家怎样看人与人之间的平等性？
3. 儒家的礼和法家的法在古代政治中如何运作？
4. 儒家是否枉法徇私情？

其中涉及历史溯流、本质分析、误解厘清等，全都按照同一原则：从事实与理性出发，而不是从今天西方人认为神圣不可侵犯的西方主流观念出发。

第一章　儒家政道之得失

第一章　儒家政道之得失

半个多世纪前的 1958 年，唐君毅、牟宗三、徐复观、张君劢四位新儒家的代表人物联合发表了《为中国文化敬告世界人士宣言》（以下简称《宣言》）一篇长文，讨论中国文化在现代世界中当如何定位；其中第 9 节集中于强调中国传统文化本身即含有现时西方式的民主元素，见诸以下种种说法：

天下为公。（《礼记·礼运》）

天视自我民视，天听自我民听。[1]（《尚书·泰誓》[又《孟子·万章上》转引]）

人皆可以为尧舜。（《孟子·告子下》）

为政以德。（《论语·为政》）

不过，《宣言》同时又指出传统中国政治文化中的民主元素在现实中实有不足，是否"为政以德"，是否"天视自

---
[1] 上天用我们民众的眼睛看东西，用我们民众的耳朵听事情。

我民视"等,在现实施政中虽然可以通过选贤与能、宰相分权、御史监察、臣下进谏、史笔褒贬等辅助进行,但最后始终决定于君主个人的道德取舍,缺乏制度化的设置,而且在君主制之下民众只是被动地接受德化,未能作为一道德主体,因此有必要向西方学习;另一方面,中国传统文化中"天下为公""人皆可以为尧舜"等理念推展下去就会走向西式民主,所以走向西式民主本身也是中国文化自身发展的内在需要。

1.1 儒家思想与民主思想的本质差异

不过,究竟是否真的好像《宣言》所说,儒家政道与西式民主思想相容,却不能不首先加以厘定;细看以孔、孟为核心的儒家政道,很容易发现在几个关键问题上两者有重大甚至本质上的歧异。

1.1.1 权力来源——主权在民 vs 主权在道

西式民主思想认为主权在民,执政者的权力来自民众的授予。17 世纪现代政治理论的开创者霍布斯(Thomas Hobbes)在《利维坦》(*Leviathan*)一书提出,政治权力是来自民众的,是他们为摆脱自然状态(state of nature)而把自身权利交付与国家的;其后洛克在《政府论》(*Two Treatises of*

Government）中再加发挥；到 18 世纪卢梭正式倡议社会契约论，论证统治权力要基于民众的同意。自此之后，民众的授权、民众的意志成为民主思想的核心根据。

不过，儒家政道却大异其趣，整部《论语》之中都找不到类似民众授权的提法，《孟子·万章上》中孟子弟子万章问"舜有天下也，孰与之"（统治者的权力从何而来……）的时候，孟子的回答是"天与之"；是否得到"天命"，就成了政权是否具有正当性的同义词；虽然孟子指出得不得到天命，在现实层面会以民意为依归，但在理念层面则天——天命才是终极的权威来源，《尚书·泰誓中》中的"天视自我民视，天听自我民听"应当如此理解，虽然这和拉丁古谚语"民言自是天言"（Vox Populi, Vox Dei—— the voice of the people is the voice of God）看来有点相像。

儒家的天很早就开始褪去人格神色彩，所代表的是一个道德实体、一种道德律；外在则称之为天道天理，类似古希腊的 logos，后来的 deism 或 Natural Law，内在则称之为良知良心，近乎英语的 conscience；其实都是同一实体的不同表达，所以《孟子·尽心上》才会说"知其性则知天矣"[1]；《礼

---

[1] 了解人性就可以了解上天。

记·中庸》"天命之谓性，率性之谓道"[1]，把天命、性、道贯穿为一，都显出人心源于天道，或天道就是人心，内外一贯的观念（参下编 3.4）。

"为人做事要对得起天地良心"，虽然是俗语，但也是最能引起国人共鸣的原则，因为其中反映了中国最为核心的伦理思维，任何一个人，包括君、臣、士庶、贤愚不肖都要对这个道德权威负起终极责任。与之相应的文雅说法是"俯仰无愧"；"俯仰"说的是"天地"，"无愧"说的是"良心"，由古到今，无论雅俗，思路是完全一致的。在理念层面上，执政者之所以要博施济众，是要向这个道德权威负责，不是向民众的权力负责，政权是否具有正当性，最终决定于能否替天行道，"天—道"成为权力的真正根源。

所以，当古代帝王自称为"天子"（天之子）的时候，虽然一方面是假借了上天去抬举自身的神圣，但另一方面也同时被天压下了一己绝对的权威，其中关系《礼记·表记》说得很清楚："唯天子受命于天，士受命于君；故君命顺则臣有顺命，君命逆则臣有逆命。"[2] 可见天子并非至高无上、唯我

---

[1] 上天所命赐的是我们的本性；按着本性而行就是正道。

[2] 天子接受上天的指令，士人接受君主的指令。所以，如果君主的指令合理，那么臣属会顺从，如果君主的命令不合理，臣属会违抗。

独尊，天子之上还有悠悠苍天、浩浩昊天作为最后权威。也因此，孔孟可以根据这个更高的权威要求为人臣下者"从道不从君"：

> 以道事君，不可则止。[1]（《论语·先进》）
>
> 事道也。[2]（《孟子·万章下》）
>
> 君有大过则谏，反复之而不听，则易位……君有过则谏，反复之而不听，则去之。[3]（《孟子·万章下》）
>
> 事君有犯而无隐。[4]（《礼记·檀弓上》）

如果君主残暴不仁，必要时甚至可以替天行道，吊民伐罪，例如：

> 闻诛一夫纣矣，未闻弑君也。[5]（《孟子·梁惠王下》）

---

[1] 根据正道替君主服务，如果他不接受你就要辞职离开。

[2]（孔子的出仕做官）是为正道服务。

[3] 君主犯了大错误就要进谏，如果他始终不接受，就要把这个君主撤换掉……君主犯了错误就要进谏，如果他始终不接受，就要辞职离开。

[4] 为君主服务，宁愿冒犯也不要有所隐瞒。

[5] 我只知道是杀了一个叫纣的人，不知道是杀了君主。

夺然后义，杀然后仁，上下易位然后贞。[1]（《荀子·臣道》）

话是说得斩钉截铁，毫不含糊的。犯颜直谏甚至以死相殉的贤臣抗士，当时即使被视为大逆不道，但历来皆厚加褒扬，史不绝书，因为他们所服从的正是天子之上更高的道德权威。所以，金耀基认为"天子"一词有"道成肉身"的味道，使帝王地位在国家体制内不容挑战，此说无论是从理论上看还是从历史上看，都难以成立。

至于《礼记·礼运》"天下为公"云云更只是追述（加上大量理想化的想象）一个已经消失了的远古之世，绝不是孔孟儒家的当世追求。从人类社会发展史看，当属夏后氏之前的氏族原始共产社会，"人不独亲其亲，不独子其子，使老有所终，壮有所用，幼有所长……货恶其弃于地也，不必藏于己；力恶其不出于身也，不必为己"[2]，其中所说都是社会结构层面、经济分配层面的"公"，与政治层面上主权谁属的

---

[1] 取代他的君主地位才对，杀掉了他才符合仁道，以臣为君，降君为臣才合理。

[2] 那个时候没有家庭，对所有长辈都视同父母，对所有后辈都视为儿女；老人可以终其天年，年青的可以有工作，年幼的可以养育成长……东西担心的是没人使用，不会由个人拥有；有能力者担心的是不能派上用场，不一定要为了自己的利益工作。

问题没有关系，因为那种社会中根本没有后世意义上的执政者。福山在《政治秩序的起源》第 3 章和第 4 章中根据人类学研究就原始氏族社会的结构特性对此做过论析：氏族首领享有的只是社会权威，并非执政权力，其意见会受到尊重，但并没有强制执行的能力；即使是禅让制度产生的舜、禹，看起来好像是由民众推选（民众授权），这些民众也只可以视之为类似从前农业社会中的乡亲父老，主权、执政权力来源这类问题根本还不可能出现。把"天下为公"视作"主权在民"完全是一厢情愿的张冠李戴；而且孔子也不愿意戴上这顶帽子，《论语》中的"吾从周"（《八佾》）、"吾其为东周乎"（《阳货》）等说明他心目中的理想政治制度是周代的封建。

不仅如此，从学理层面看，"天下为公"更与作为中国文化主流的儒家基本理念相违，儒家政道是通过"礼"去体现的，上编 4.3 指出礼是从人的情意层面（affective domain）出发，按人的情意需要和反应而加以制度化，上编 5.3 所引《礼记·三年问》（又见《荀子·礼论》）"称情而立文"这话虽然是就丧服立说，但反映了儒家普遍性的原则——作为儒学核心的仁和仁政是以人与人之间自然而然的同理心（"不忍人之心"）为基础。

"亲其亲，子其子"，从血缘关系开始构成社群，是人类（其实也包括黑猩猩）的天性，这有人类学及进化生物学上的依据；儒家以此为基础拟定的政治秩序就是根据人类的这种自然本性而加以制度化、固定化。因此"人不独亲其亲，不独子其子"等"兼爱"式行为，完全与《孟子·尽心上》所主张的对亲人亲爱，对百姓关切，对事物爱惜（亲亲→仁民→爱物）这种由亲而疏的差序式仁爱观相违，所以在孟子看来，这恐怕是"无父无君"的禽兽。

不过，这种无等差的兼爱主张向来（特别是在乱世）都有一种人道魅力，《淮南子·要略》指出墨家提倡背离周朝的体制转用夏代的体制（"背周道而用夏政"），显然是反对封建时代有公私差异的"小康"而要求恢复氏族社会原始共产平等的"大同"；19、20世纪之交不少乌托邦主义、无政府主义以至恩格斯所批评的空想社会主义都可以说是这种倾向在不同时代的不同形式呈现，"天下为公"只是其中一脉而已，在中国昙花一现，秦汉之后就退出主流视域了，勉强要说是中国文化的话，也只能算是墨家独创而久被主流文化摈弃的异端。

1.1.2 政治运作——人民行使权利 vs 贤哲履行责任

民主 democracy 一词由 demo 和 cracy 合成，原意是"民

治"，即由民众管治，但并没有主权在民的意思（"民主"源自日译，本来并不准确），反映古代希腊城邦公民共议决定施政的实况；后来人口繁衍，直接民主（治）已不可能，更未必可取（一般人既无时间兴趣，亦无相关知识能力），起而代之的是代议民主（治）。熊彼得（Joseph Schumpeter）《资本主义、社会主义与民主》（*Capitalism, Socialism and Democracy*）一书指出，在代议民主（治）之下，民众已经不再直接决定施政，而是通过选举交由职业政客（集团）负责，不满意则换另一个。这是今天西式 democracy 运作的真实情况，其中民众的真正地位不再是统治者，而是统治者的主人，而统治者则是民众任用的"管家"；日语及汉语中的"民主"本是误译，现在阴差阳错，误打正着，倒完全准确地表达了今天西式民主的真正形态。不过无论如何，民主都意味着民众的意志就是最后的权威。

在这方面，儒家政道与之大异，在儒家的天—道理念之中，君主的身份虽然也可以视之为管家，要替天行道，不过这个管家却不是由民众，而是由一个道德实体，也就是"天"所决定的，民众并非其主，为主者天；另一方面，执政者既然承担管治天下的大任，就需要按照天道、天理行事，而天道、天理都是以民众的福祉为依归的，例如《易·系辞下》"天地之大德曰生";《尚书·汤诰》"天道福善祸淫"等,这是儒家政道的基本理念。

作为实践天道的执政者,在取得统治万民权力的同时也必须承担保育万民的责任,所以《孟子·尽心下》才有"民为贵,社稷次之,君为轻"的名言。甚至连法家的《慎子·威德》也说"立天子以为天下,非立天下以为天子也"。不过,反过来说,由于民众并非主人,而天道才真正至高无上,所以当人民的选择出现偏差,或违道或不智,有损于他们自身真正利益时,贤哲也可以而且应该违逆民意以替天行道:

虽违众,吾从下。[1] (《论语·子罕》)

何害? 苟利社稷,死生以之! 且吾闻为善者不改其度,故能有济也。民不可逞,度不可改。诗曰礼义不愆,何恤于人言。[2] (《左传·昭公四年》)

---

[1] 即使违反一般人的习惯,我也要在堂下这恰当位置去行礼。

[2] 这有什么问题? 如果对国家有好处,我愿意牺牲性命去实行;而且我听过,要做好事,就不要违反法度;民众是不可以放纵的,法度是不可以改变的。《诗经》说:只要不违反礼义,就不要管人家说什么。

是故权利不能倾也，群众不能移也，天下不能荡也；生乎由是，死乎由是，夫是之谓德操。[1]（《荀子·劝学》）

盘庚之迁，胥怨者民也，非特朝廷士大夫而已，盘庚不为怨者故，改其度；度义而后动，是而不见可悔故也。[2]（王安石《答司马谏议书》）

儒家行事的大原则，是既不从君，亦不从民，而是从道。《礼记·大学》："民之所好好之，民之所恶恶之，此之谓民之父母。"[3] 这是儒家的《大学》之道，但必须注意的是，对人民的好恶固然要聆听，要回应（respond to），但却不可受制屈从（controlled by）；这种聆听回应是父母对儿女的关顾，并不是奴仆对主人的唯命是从（英国旧式公文中官员致函国民时下款即自称 your obedient servant），所以《孟

---

[1] 所以，即使权力利益也不能够推翻，即使群众也不能够左右，即使天下也不能够动摇，无论是生是死，都要（循着正道）去做，这就是道德操守。

[2] 盘庚决定迁都的时候，抱怨的是人民百姓，不单只朝廷的士大夫而已；但盘庚没有因为有人抱怨而改变他的考虑，考虑到合适之后才去做，所以后来不用后悔。

[3] 喜欢民众所喜欢的，厌恶民众所厌恶的，这就是人民的父母官。

子·滕文公下》指出"以顺为正者,妾妇之道也"[1],对此大加非议。人民的意愿,固然必须关顾,但是以父母之道还是以奴仆之道,于此儒家政道与西式民主大不相同。

说到最后,统治者之能否享有天命,延续政权,是由其行道实绩——是否能如《论语·宪问》所说的"民到于今受其赐"决定,而非由民众自己的选择决定。按西式民主理论,统治者的权力来自民众,所以统治者要对民众负责;按儒家天命论,则天子受命,要体现天道的合理性(即民众福祉受保障),对民众不是契约式的负责(accountable to),而是道德上的尽责(responsible for)。

1.1.3 人的平等性——人人生而平等 vs 人有贵贱贤愚

洛克在前引书中提出人人生而自由平等,既不凌驾于人,亦不屈从于人,这是后来西式民主理论中的重要共识;一人一票,每票等值等安排非此无以立足。但何以人与人是平等的?智力、能力、品德、才性、见识、经验、胸襟、视野凡此种种,我们都知道人与人之间可以判若云泥。《宣言》所引"人皆可以为尧舜"说的只是人在道德潜能上具有相同可能性,但落实到具体行事,则一定会出现《孟子·告子

---

[1] 以为事事顺从才是正道,这只是婢妾之道。

上》"从其大体为大人，从其小体为小人"[1]所说的情况，有贤愚上下的种种分别，在政治、社会、生活层面上不会平等。如果说，无论什么人都应该享有相同的基本尊严和权利，儒者基于"己所不欲，勿施于人"的仁恕原则当然赞成，但如果说一个短视自私的人的意见和一个聪明正直的人的意见都应该同样受重视，都应该在施政上体现，一如政客信誓旦旦地说的："我尊重每一个选民的意见"，则只能是为博取选票的伎俩陈言，在现实上是反常识的。

儒家哲学是人的哲学，其中的"人"是真实而复杂的，既有孜孜为善的尧舜之徒，也有孜孜为利的盗跖之徒，有好学短命的颜回，也有老而不死的原壤，在君子与小人的光谱之间，有才有不才，有器有不器，有美玉瑚琏也有朽木粪土，因此儒家绝不追求违反常识毫无原则的平等，也不会接受现今选举政治中的运作方式："民众"摇身一变成为"选民"之后，就立刻抽象而纯粹起来，既神圣又完美，不可冒犯，不能质疑，在选民—民意之前一切都必须匍匐下拜，包括风骨、理性与智慧。儒家从常识出发，肯定人与人之间的差异，指出君子、小人的角色分工：

---

[1] 按自己高尚素质发展的是大人，按自己低下素质发展的是小人。

> 天之生此民也，使先知觉后知，使先觉觉后觉。[1]
> （《孟子·万章上》）
>
> 君子之德风，小人之德草；草，上之风，必偃。[2]
> （《论语·颜渊》）

具才德的君子要领导一般平民百姓，两者不仅在政治现实中必然不平等，而且在政治理念中更不应该平等，否则终日争吵不休，只会使施政瘫痪，错乱失序。

1.2 儒家政道的本质

一般认为现代西方倡导民主，儒家传统则重视民本，这种提法其实很不恰当。因为如果民本指的是民众福祉，则现代西方民主理论同样强调民众利益，同样照顾民众需要，林肯所说的 for the people（为民众福祉）正指此，在这意义上，民主也包括了民本，因此，民主与民本两者根本不能构成对比关系，一如逻辑上"水果"之于"苹果"。西式民主与儒

---

[1] 上天生育万民，要让早明白事理的人领导迟明白事理的人。

[2] 在上位者的品德就像风，平民百姓的品德就像草，草遇风一吹，就一定会偃伏下来。

家传统的真正分别在于对主权谁属的理解不同，对人人平等的认知不同，所以由此衍生出来的施政运作方式也不同：西式民主为主权在民，以人民平权选择为准；儒家政道为主权在道，以贤哲明睿判断为高。

简言之，在以民为本的共同前提下：

西式民主为"民本民主民治，民意至上"，儒家政道为民本道主贤治，循道为先；儒家既"从君"，也"度宁违众"；两个方案，其一公平合理明智，但有违民众选择，其二偏颇短视愚蠢，却符合民众取态，如何取舍？如何抉择？以此即可显示出儒家政道与西式民主的对立。

1.3 儒家政道在实际中的利弊

自从汉武帝罢黜百家，独尊儒术之后，两千多年来儒家政道就成为中国政治理念的主流。上编9.2提到，根据福山的说法，韦伯所谓的"现代国家"在中国出现于秦汉时代，即对国家进行管治的是一个具有现代形态的官僚结构，统属有序、职责分明、人员专业等。传统上所说的"阳儒阴法"，应该从这个角度去理解，这也便形成金耀基《中国政治传统与民主转化》中反复提到的国家儒学体制（state Confucianism）。

由于秦汉以后在政治形态、社会结构、经济规模等各方面都已经大不相同，所以根本不可能把孔孟以春秋战国时代为背景而建构的儒学一成不变照搬过来，再加上统治阶层为维护自身利益而作的考虑，所以以儒家政治理念加"现代"行政需要而呈现的国家儒学体制也不能一一以《论语》《孟子》去衡量；朱熹《晦庵集》卷三十六《答陈同甫书》"夏中朱同人归"一节说"尧舜三王周公孔子所传之道未尝一日得行于天地之间"，固然道出了事实的一面，但也显然忽略了历史发展与时代需要，未能掌握"圣之时者"的精义，脱不出书生之见。

　　国家儒学体制的本质是"民本道主贤治"，最大优势是决策施治的时候无须盲目屈从于民众意见，可以遵循理性常识，根据知识能力，不拘囿于人人平等的迷思。中国在过去二千年间，虽然中间有种种起伏波折，但总体地看是人口繁衍、疆域扩展、经济发达、艺文辉煌、科技进步（至少直到 15 世纪），形成了具有强大凝聚力的国家，造就具有跨时代、跨地域力量的共同中华文化意识，亿万人以此取得身份认同。如果没有一种有效的政治体制提供稳定的助成环境，凡此种种都不可能出现；这里显现出儒家政道的大成功。

　　不过，我们也不能忘记，在历史中同样看到统治阶层的专制、残暴、腐败、无能，也看到平民百姓在种种盘剥逼迫之下的冻馁饥寒，疲惫困苦，这些景象也是在儒家政道之下出现的。

其实，儒家政道最大的优势同时也是最大的弊端，"贤治"不是由"贤能之士管治"那么简单（这是任何政治体制的共同要求，不能想象有人会要求"愚治"），贤治的真义在于人员的任免取决于其才德，而非取决于民众意愿；在实际操作上则是：一人是否具备才德由统治阶层内部判断，而非通过民众选举；[1]换言之，在人员的任免上被管治的平民百姓没有制度化的参与渠道；只有这样，在位的贤能才可以根据自己的认知去选择未来的贤能，如果由平民百姓参与选择（投票之类），获选的就可能是些善于花言巧语，徒知讨好奉承民意的奸佞，而木讷实干的人才反而无法出任了。

当然，统治阶层内的明智之士在作出决定之前当然也会参考民意，《孟子·梁惠王下》孟子和齐宣王有一段对话，表达了这样的看法：

---

[1] 亚里士多德在《政治学》第3章11节中认为平民个别而言见识虽不如贵族，但作为一个群体集思广益时会更好，所以虽然不应由平民个人出任公职，但平民应参与官吏的选任并向官吏问责。

国君进贤，如不得已，将使卑逾尊，疏逾戚，可不慎与？左右皆曰贤，未可也；诸大夫皆曰贤，未可也；国人皆曰贤，然后察之；见贤焉，然后用之。左右皆曰不可，勿听；诸大夫皆曰不可，勿听；国人皆曰不可，然后察之；见不可焉，然后去之。左右皆曰可杀，勿听；诸大夫皆曰可杀，勿听；国人皆曰可杀，然后察之；见可杀焉，然后杀之。故曰："国人杀之也！"如此，然后可以为民父母。[1]

不过，我们也要注意，无论是"用"、是"去"还是"杀"，最后都要通过"（国君）然后察之"这一步，也就是说，做真正决定的仍然是统治者而非民众。徐复观后来在《两汉思想史》中提出"一人专制"的说法，与此可谓一脉相承。

如果士大夫阶层内人人德才俱备，既能无私，又具慧眼，能够择优而用，当然可以完全体现贤治的优越性，但如

---

[1] 孟子认为既不根据阶级地位，又不根据亲疏关系去选用贤才，是要慎之又慎的。怎样物色判定贤才？首先要听近臣的意见，跟着是朝廷士大夫的意见，最后是国人的意见；吸纳各方意见之后，再自己去考察那个人是不是真的如此。反过来说，如果要贬斥诛除某一个人，也应该通过相同程序。这样才是为民父母之道。

果士大夫阶层被权力侵蚀而趋向腐败，那缺乏制度化参与渠道的平民百姓就无法有效地影响有关人员的任免，官员只要满足了阶层内部的要求，即使残暴贪腐无能，平民百姓也无可如何，这自然又更会反过来助长士大夫阶层的残暴贪腐无能。无法用理性有序的方法撤换恶劣的统治者，这是权力缺乏制度化制衡的必然弊端，西方学界称之为劣君难题（bad emperor problem）。

这个提法其实是西方观点的反映，他们重视形式化（formal，不含贬义）的制度，在他们看来，君主在中国政治体制内不受任何形式化制约，包括法律制约，拥有的是绝对权力，所以一旦君主本身出了问题，就会一发不可收拾，什么责任都由君主担负，在徐复观所说的"一人专制"之下真的是"天下有罪，罪在朕躬"了。不过，从历史上看，真正的暴君不多，多数只是庸主，而暴君会否残民以逞，庸主可否平稳过渡，关键在于士大夫团队的素质，能否"以道事君"，对君主谏止遏制或督责助成；与其说中国在体制上存在"劣君难题"，倒不如说是存在"劣臣难题"，造成最大危害的不是暴君个人的荒淫残虐（tyranny），而是民蠹集团的贪渎自肥（kleptocracy）。在中国历代王朝中，名义上的最高统治者是皇帝，但钱穆的《中国历代政治得失》指出，真正主政的其实是一个庞大的职业官僚团队。集团内的成员接受相同的儒家教育，按相同的价值、标准和规律处事，既有共同的"语言"，也有共同的利益，形成一个自成一国的精英团体。

古代教育不普及，能够接受良好教育而出仕的多半来自士绅（地主）家庭，退休后自己又再成为士绅；士绅—官僚循环形成一个精英阶级圈子，其给养则取自农民（包括佃农）。士绅—官僚和农民两者之间，一方面是"劳心者治人，劳力者治于人"互相依存的分工关系，但另一方面则"治于人者食人，治人者食于人"，所以也存在此益彼损，此损彼益的对立。

统治阶层在政治能量、社会地位、文化涵养、经济资源甚至法律保障各方面享有完全的优势，除了官逼民反的极端情况，平民百姓完全无法与之抗衡。能对这个阶层加以制约的，一是阶层内部的自我道德要求，"以不忍人之心，行不忍人之政"；二是担心压迫过甚会引发危机，有"水能载舟，亦能覆舟"的现实考虑。这些都可以对统治阶层产生惕厉的作用，但并不是制度化的制衡。

翻阅先秦儒家典籍，我们可以发现古来根本就缺乏制度化制衡的观念，孔孟强调的是在上位者的道德责任，对人民的仁心仁政；如果道德责任有失，仁心仁政不行，儒家会指出现实政治上的后果：

> 虽有粟，吾得而食诸？[1]（《论语·颜渊》）
>
> 为渊驱鱼……为丛驱爵……为汤武驱民。[2]（《孟子·离娄上》）

不过，却从没有提出怎样对士大夫阶层的权力加以制度化的制衡来防患于未然；一如余英时在《道统与政统之间：中国知识分子的原始型态》中所说："道统是没有组织的，'道'的尊严完全要靠它的承担者——士——本身来彰显。"秦汉以降虽然设立御史制度，在士大夫阶层内部作出监察，但仍然缺乏外部的制衡。

1.4 古罗马共和时代的参照

用古罗马共和时代的政制作参考，我们可以看到很有意思的问题。据安德鲁·林托特（Andrew Lintott）所著《罗马

---

[1] （出问题之后，）即使积聚了粮食也没机会吃了吧？

[2] 就好像水獭、鹞鹰会把鱼、鸟都赶到一处一样，残暴的君主也会把民众驱赶到（与自己为敌的）商汤武王那个阵营。

共和国政制》(*The Constitution of the Roman Republic*) 描述，罗马政制可说是现代西方民主政治的前身，在约略与孔孟同时的共和时代，已经采用三权分立方式（与现代的三权不同），行政长官（magistrates）、元老院（senate）、民众议会（popular assemblies）互相制衡。

从体制言（至少理论上），一切权力都来自三个民众议会，可以选官、立法、和战、处决等。被选出的最高行政长官称为 consul，早期元老院议员由其委任，虽为最高长官，但施政亦受到元老院议员的调控（特别是议员改由监察官[censor]委任之后）；而且一选两人，每人隔月轮流主政，可以互相否决，年终更要向民众议会负责。下级的行政长官之间亦互相制衡，可以否决另一行政长官（同级或下级）的决定。

元老院议员是终身制的，体制上没有立法权，但掌握财政，而且对实际施政——制定法案、推行政策、对外交涉——有很大影响力，可说是政府的重心，其成员主要来自豪门大族，但法案要得到民众议会的认可批准才算通过，由此又是一种制衡。

互相制衡的结果自然会影响到施政效率，所以在战争或危急期间会由最高执政官及元老院委出独裁者（dictator）以便乾纲独断，一言而决，但独裁者的任期也有严格限制，或是半年，或在任务终结之际；种种设定都在于防范权力的过度集中。

这方面，我们封建时代的国家儒学体制当然有所不及。不过，治人者和治于人者都是人，治人者固然会腐败，治于人者也可以只根据一己眼前的利益而去投票，真要竞选的话，竞选的治人者为求得票，可以大慷国家之慨，出现"市恩""买票"种种问题，而治于人者作出选择时是否会放下个人利益而从国家的长远福祉着眼也当然大成疑问。

把罗马和西汉并观，更有启发性。共和时代罗马的实际施政由元老院议员掌控，西汉则操于儒家官僚集团之手。元老院议员先后由最高执政官及监察官委任，由于后两者都经民众议会选出，所以勉强也算得上间接民选；而西汉官员则以察举征辟为途径（先举荐，后考试）。两者都希望以此选出贤智之士，形式上则大有差异，一由民众选择，有制衡作用，另一则由官僚自主，纯任自律。

不过，我们不能只看表面，罗马共和时代"民众"对统治阶层具有制衡权力云云，其实只限于具有政治权利，也可以成为统治阶层的公民（citizen）。民众议会有三个，一是 Comitia Centuriata，成员为贵族（patrician）；二是 Concilium

Plebis，成员为平民（plebeian）；三是 Comitia Tributa，按部族组成，成员兼有贵族平民。贵族不用说，即使所谓平民，不仅不包括奴隶，甚至也不包括不具公民身份的自由民；而且公民之中又再分几类，那些不具备完全公民身份（full citizenship）的也没有选举权或被选权。可以说，罗马共和时代中对政治事务有制衡能力的"民众"其实也是一个特权阶级，类似中国的士绅—官僚。如果按照在政治、社会、经济上的地位作一个非常粗略的模拟，可以把罗马的奴隶和低下层自由民视同中国的农民和小工商业者，把罗马的公民视同中国的士绅—官僚，这样看的话，罗马政制中的所谓"民众"制衡，其实也只是同一阶层之间的内部制衡，和中国士绅—官僚阶层的内部制衡相近。

在这方面，罗马其实和希腊颇为类似，我们一般说希腊是民主的发源地，但其实希腊的民主也只存在于一个少数群体之中，美国国父之一，撰写《独立宣言》的杰斐逊（Thomas Jefferson）在 1823 年 10 月 31 日致高利（To Adamantios Coray）的信中已经批评过"雅典政府……是由一个城市的人为隶属于他们的整个国家制定法律"。

也可以反过来说，无论罗马或中国，其实都对统治阶级有所制衡，但都只限于一定的阶层——在罗马是公民、在中国是士绅—官僚；两者真正的区别只在于前者具有公开明晰的制度，而后者则依赖潜藏的儒家理念与传统而已。

最后有一点非常值得注意，《孟子·离娄上》早已指出"徒法不能以自行"，单有制度上的设定并不能保障可以达致制度所要求的效果，任何制度都要通过执行者之手去实施。J. M. 罗伯茨等所著《企鹅全球史》指出，罗马的强大发达，重要支柱之一是不断的军事扩张，战争虽然带来大量财富，但亦引发新的社会问题：连年征战，一方面使得农民长期服役，难以耕作；另一方面又让贵族地主可以从战获中买到大量奴隶，能以大庄园方式廉价生产，令一般农民无法竞争，这都令原来小型的自耕农经济难以维持；最后农民无奈出售土地，造成了富者田连阡陌，贫者无立锥之地的贫富悬殊。罗马施政实际上为元老院议员操纵，元老院议员对最高执政官作出监察固然避免了"一人专制"、独夫横行的"劣君问题"，但议员多为豪门权贵，互相朋比，却又造成了寡头政治（oligarchy），只谋求小集团利益，忽略一般平民所面对的困境，令不同阶层之间的矛盾日趋严重。

公元前 133 年，由平民议会（concilium plebis）推选的护民官提比略·格拉古（Triberius Gracchus）要求把贵族富豪的土地分予民众，损害了既得利益者而被杀，揭开了动荡的序幕；其后各派势力互相争斗，引发动乱，史家一般视之为罗马共和国衰落之始。而为了应付外地叛变、蛮族侵扰，又使兵权为长期领军的贵族所掌握，造成军政强人出现，侵夺元老院权力；先是任最高执政官的苏拉（Sulla）时期军队出现私人化倾向，效忠于个人而非罗马共和国，苏拉一度把八十个元老院议员驱逐杀害；后来相继出现两次由军政强人连成的三人执政（Triumvirate），互相援引，权倾朝野，元老院更被大大削弱。军政强人为壮大力量，往往要利用非罗马的军人，而军人征战之后当然要求分享利益，诸如取得公民身份及土地田产等，不时引起争端，出现分化。此外罗马的庄园利用奴隶耕作，压逼剥削残酷，又引起奴隶不断反抗，公元前73—前71年由斯巴达克斯（Spartacus）带领的大规模奴隶起义更全国震动。

风雨飘摇之下，我们很容易理解罗马最需要的已经不是各种力量之间的互相制衡而是一个可以一言而决、带来稳定的强者，所以最高执政官苏拉曾经要求成为"定国一人"（Dictator rei publicae constituendae = Dictator for the purpose of restoring the Republic），dictator 一词不含贬义，只反映了现实与民心的需要；公元前44年恺撒晋号"终身一人"（Dictator in Perpetuo = dictator for life），在西塞罗等理想主义者眼中固然是大盗窃国，但现实上看则不过是体现了动乱时势的需求。尽管恺撒随后为元老院议员所刺，但大势已成，再经迭番内乱之后终于在屋大维（Octovius）身上实现，公元前27年共和破灭，帝国出场。共和（res republica = republic）原意是人民之物，而帝国（imperium = empire）则强调指挥驾驭的权威。罗马帝国建立之后，政权、军权、立法权集中于皇帝之手，皇位承继者由民众选择转为指定，实际近乎世袭，元老院名存实亡，民众议会消失，罗马走上了和秦汉王朝相近的道路。

罗马由共和的制衡而走向帝国的大权独揽，今日一般会视为政治制度上的倒退。不过，历史却并没有依循从制度出发而作出的推论，罗马其后二百年间反而繁荣稳定，政治、军事、经济、文化迈向巅峰，进入太平盛世，历史上美称之为 Pax Romana（Roman Peace），与汉朝在东西两方交相辉映。

1.5 理论与现实的反思

类似的情况也见于伊斯兰世界。塔米姆·安萨利（Tamim Ansary）所著《天命中断：伊斯兰视角下的世界史》一书记述，穆罕默德去世后三十年间，伊斯兰教团相继由四个信徒领导，这四人都曾经和穆罕默德并肩奋斗，备尝艰辛，他们之出任领袖哈里发是经由教团推许认可，就任之后亦谨遵教义，廉洁奉公，后代称之为"循道者"（Rashidun = rightly guided ones），在建立秩序、改善民生、推广教义、发展经济各方面都颇有建树，而教众也彼此一心，互相关爱。

不过，第三任哈里发奥斯曼晚年，教团就开始出现分化动乱，奥斯曼和其后第四任哈里发阿里都先后被杀，原在叙利亚主政的穆阿维叶以权谋取得领导权，由麦地那迁都大马士革，建立倭马亚帝国，81年后又被阿拨斯帝国取代。这两个帝国都一如中国王朝，领袖世袭，不再由教团推选。而同样吊诡的是，在这两个专制王朝治下，伊斯兰世界繁荣稳定，人民安居乐业，其间不仅国力大增，教义远播，在经济贸易、文化科技以至城市建设方面也都为史家所称道，阿拨斯王朝更被视为伊斯兰的黄金世代。

我们今天常说要从制度着眼，一时一人的是非得失不足道，最重要的是制度是否健全良好等。但从制度的角度看，古罗马由共和而转为君主专制，伊斯兰由推选而改作父子世袭，都由互相制衡而至权力集中，毫无疑问是倒退，崇尚制度的纯粹主义者之为此感慨，不始于今日，《孟子·万章上》中已经有人因为大禹"不传于贤而传于子"而产生疑问：到了大禹，是不是政治道德就开始衰败呢（"至于禹而德衰")？前引朱熹"尧舜三王周公孔子所传之道未尝一日得行于天地之间"背后也是相同的用意。不过，《史记·游侠列传》这一段却非常值得深思，"鄙人有言曰：'何知仁义，已飨其利者为有德。'"[1]

鄙人不知仁义，当然更不知制度，他们的话，只是不值一哂的鄙陋之见？还是古往今来万亿百姓真正的心声？

陈祖为《儒家致善主义》一书探讨儒家政道的特质，指出儒家政道所追求的是美好的道德（广义）秩序，最关顾的是人民的福祉；民本民主民治也好，民本道主贤治也好，恐怕什么制度最后都要回到政治的原点——由"鄙人"根据《游侠列传》所说的是否"飨其利"去论定。

---

[1] 老百姓有这样一句话："我哪管什么是仁义！让我得到好处的就是好的。"

第二章 儒家平等观

2.1 常识与信念

《论语·阳货》中说,"性相近也,习相远也""唯上知与下愚不移"[1],人的本性是否生来差不多,这不容易确定,但后面这句却很符合一般人的认识,尤其是当老师的更深有体会,最聪明和最愚笨的学生都是很难说服的。既然是"不移",那么上知就终归是上知,下愚就终归是下愚;要听意见的时候,是不是应该多听上知者的意见,要找人办事的时候,也多找上知去负责呢?后来《孟子·万章上》中说"天之生此民也,使先知觉后知,使先觉觉后觉"[2],显然就是《论语》所说的自然引申,而且也是很符合常识的结论。

不过,既然又有上知又有下愚,而且应该由上知领导下愚,那么,人与人之间如何能够平等?但"人人生而平等"不是绝对不容挑战的神圣信条么!这是 17 世纪末洛克首先在

---

[1] 人的本性是差不了多少的,由于后天习惯的影响才有差异,只有最聪明和最愚笨的人才是(后天)改变不了的。

[2] 上天生育万民,是让早明白事理的人去领导迟明白事理的人。

《政府论》中提出的；其后卢梭有专篇《论人类不平等的起源》；伏尔泰的《哲学字典》也大力提倡；到潘恩（Thomas Paine）在《常识》（*Common Sense*）一书提出人人生而平等的主张，更直接成为美国《独立宣言》名句"人人生而平等"（all men are created equal）的蓝本。

2.2 平等的指向

不错，"人人生而平等"是今天绝对不容挑战的神圣信条。不过，人与人之间的贤愚不肖千差万别，也可以说是不言而喻的常识，只要张开眼睛就昭昭在目，孔、孟知道，难道洛克等人就不知道？何以竟然会提出人人平等之说呢？以致现代美国学者雷恩（Alan Ryan）在《政治论》一书中更称之为"睁着眼睛说瞎话"（glaringly false）。洛克的平等论究竟是什么意思？先看看《政府论》二论第 2 章第 4 节中洛克是怎么说的：

> （在自然状态下）最明显不过的是，同种同等的人，既然生下来就一视同仁都具有自然赋予的相同优势，都运用相同的机能，他们在其他方面也应该是平等的，不应受制于人、从属于人。

平等（equal）按一般理解，是指程度、大小、高下、多寡等范畴方面的相等，是属于"量"的概念，所以卢梭《论人类不平等的起源》一开始就指出人在自然状态下因体力智力差异是不平等的；洛克所说的也是自然状态，其中"最明显不过"（nothing more evident）这话最值得注意，不同的人各有不同的体力、智力、反应、经验等，其优势、机能大有差别，这才是"最明显不过"的，这不是越说越糊涂吗？究竟洛克的平等真正指的是什么？还好，同书二论第6章54节有这样的说明：

> 尽管上文说过"人人天生平等"，这不应理解为所有方面的"平等"，年纪、品德可以让人取得合理的优先权，某方面的卓越和美德可以让某些人高于一般人——不过，凡此种种都无碍于人人在管辖权和制宰权方面的平等。

这段中清楚表明，洛克其实也承认人在能力、品德等各方面是不平等的，不仅如此，他还承认由此而让某些人享有优先权的做法是公平合理的（原文为just）；同样看法亦见于1789年法国的《人权宣言》，其第一条说："人生来就是，而且始终是自由的,在权利[1]方面是平等的。因此,社会差异只能基于公众利益而存在。"平等,是指权利方面平等,而且为了公众利益,仍然可以存有差异;按这种思路,洛克和法国的《人权宣言》都不会对《孟子·万章上》所说的"天之生此民也,使先知觉后知,使先觉觉后觉"提出异议。

2.3 平等实指同类

好!现在问题终于搞清楚了,不过,跟着就引出另一个问题:在洛克那个时代,社会上有贵族,有教士,有平民等等不同阶级,他们之间的政治权利、法律权利肯定不平等,为什么洛克认为"应该"平等?答案见于最初引的那一段,因为人人都有"相同优势"(same advantages of Nature),都"运用相同的机能"(the use of the same faculties)。前面已经指出,洛克自己也承认人与人有差异,因此这里所谓"相同"(same),只可能是指性质类别上的同类(alike),不可能指高下程度上的平等(equal);洛克其实是把性质上的同类视为高下上的相等,把同质混糅为同量。

这种做法,在伏尔泰《哲学辞典》的 equality 项下同样可

---

[1] "利益"原文为 l'utilité commune,英语译为 common/public utility。

以见到：

> 最清楚不过的是，人的机能天生一样，他们是处于平等状态的；在运用动物机能，运用理解能力时，他们平等。中国的帝王、莫卧儿的大汗、土耳其的高官都无法向他们最卑微的同类下令：我禁止你消化食物，排便，思想。无论任何物种，同类之间都是平等的。

现在终于搞清楚了，之所以"应该"平等，是由于"人的机能天生一样"；什么是人的机能？就是"消化、排泄、思想"等，也就是俗话说的"吃喝拉撒"，颇有"道在矢溺"的味道。不过，即使是吃喝拉撒，吃得多吃得少，喝得多喝得少——从程度大小多寡上看，人与人之间也很不相同；唯一可以肯定的是，人人都具有吃喝拉撒等同样的机能而已。这里也可以清楚看到，伏尔泰同样是以"机能天生一样"去支持"地位上的相等"，同样是以同质去论同量；人与人之所以"平等"，不是体力智力的大小高下一样，而是因为同样具备思想感觉之类的机能。

只有把同质混糅为同量，洛克"人人生而平等"才变得"可解"（make sense），才不至于"睁着眼睛说瞎话"。如此混粿甚至令纽约圣约翰大学的蒲连教授夫妇（Raymond Polin and Constance Polin）在2000年《TPNHA学报》提出这样的说法：

> 《独立宣言》宣称"人人生而平等"为"不言而喻"的真理，其实是很难令人入信的；因为在才能、力量、灵巧、财富、名誉各方面我们都不平等。一般人为了自圆其说，就把这话理解为：（起草人杰斐逊所指的是）我们在上帝的眼中是平等的，因此也给予了平等的权利……其实，在美国《独立宣言》起草的年代，equality 还有一个已经被今人淡忘的用义——alikeness（相同性）；我们都是由上帝所造，由娘胎而生，在这意义上，人的相同性彰彰在目，当然是"不言而喻"的。

蒲连从字义的转变去解释问题，用 alikeness 去理解杰斐逊的 equality 以消解疑团。不论如何，洛克、伏尔泰等人之以同质而论同量，都是清楚不过的。

2.4 平等论产生的背景

当然，这个疑团一解又立刻会引出另一疑团。人人皆出自娘胎，人人皆有吃喝拉撒的机能，这尽人皆知，何须多此一举，大张旗鼓地指出？又怎么可以仅仅根据人人皆有此机能就去论证人人皆应平等？后来又怎会引起石破天惊的连锁反应？

其中关键在于时代的差异。譬如说，地球绕太阳而转，这在今天是常识，但在哥白尼时代这样说要冒生命危险。在洛克、卢梭、伏尔泰、潘恩撰写有关作品的17、18世纪，所论都有清晰的目标和针对性——就当时贵族平民之间的不平等现象而发；他们要说的是一个我们今天尽人皆知，但当时未必人人接受的事实，即贵族与平民并不是不同类别的人，在（上帝创造的）自然界中两者是同质（alike）的。这在当时实在是革命性的想法。

贵族是天赋异才，与平民百姓种质不同，这种想法在古代世界很普遍。陈涉"王侯将相，宁有种乎"一语固然是就此提出挑战，但无形中也先承认了那个时代那种看法很普遍，否则就"师出无名"，无的放矢了。汉高祖有斩白蛇起义的神话，为的也是要说明自己并非"一般人"，而是神（赤帝）之子。《诗经·商颂·玄鸟》说商民族是上天借着燕子赐命而生；《诗经·大雅·生民》说周民族的女祖姜嫄是踩了巨人的足印而受孕；《诗经·大雅·文王》说文王能上通天帝；以至各朝各代种种开国之主的神异传说，反反复复都是要申明同一要旨,王侯将相者并非凡人。

西方也不例外,埃及的法老为神之后裔,上通神界,下治人间;罗马的君主如恺撒、奥古斯都等不少也得到认可为神。亚里士多德虽然没说过王侯将相别为一种,但在《政治学》书中却认为希腊人不应为奴,而有些人是"天生为奴"(slave by nature)的,从反面说了人有种质之异;欧洲中世纪以来贵族就有蓝血(blue blood)一说,连血的颜色都不同,其人种自然更与平民大异,所以传统上贵族都不(可以)和平民通婚,以免这种优质血统被平民所污染。蒲连指出,这种想法渊源有自,《旧约·创世记》有以下语句:

上帝的儿子们看见人的女子美貌,就随意挑选,娶来为妻。(6.2)

那时候有伟人在地上,后来上帝的儿子们和人的女子们交合生子;那就是上古英武有名的人。(6.4)

上帝之子与人女交合所生的当然不是"凡人",在历史舞台上担纲演出的王侯将相就是这些"非凡人"。

至于印度教的种姓制度就更不用说,僧侣的婆罗门、军政的刹帝利、工农商的吠舍、奴仆的首陀罗,出自原人

（primal man-Purusha）身躯的不同部分，贱民更完全沾不上边，直到今天印度社会上不少人也视不同种姓通婚为禁忌。日本的天皇一向被视为天照大神的苗裔，到"二战"之后昭和二十一年（1946）特别要在《人间宣言》中说明自己不是神（"现御神"）。这是时代的局限，所以洛克等人才要开宗明义指出人人生而平等，这种平等，不是量的equal，而是质的alike。

2.5 出现平等论的动因

不过，同样地，这个疑团一解开又再引出另一个疑团来了，平民贵族种质相同这议题为什么到17世纪才提上日程？如果说洛克等思想家是不满于当时一般平民百姓受贵族压逼，那贵族的压逼自古已然，非始于今日，何以以前没这种提法？

原因很简单，以前被压逼的人缺乏与贵族抗衡的力量；这种力量的出现，来自当时一个新兴的阶级；这个阶级的萌芽，始于12世纪的欧洲。

十字军东征，一方面固然是与伊斯兰教兵戎相见，但另一方面也玉帛往来，发展贸易，互通有无，开通了欧洲与中东之间的交通商贸路线；交通商贸的大增，不仅造就威尼斯、热那亚、比萨等城市的繁荣，还令处于黑暗时代的欧洲接触到阿拉伯世界当时更为先进的知识技术，重新引入了希腊典籍和重智传统；这些经济、知识的宝贵资源成为文艺复兴得以出现的土壤。

商贸发达一方面产生了拥有巨资的商贾，另一方面又在法律、会计、银行、航运、建造等行业造就了大量为商贸服务的专业人才；而希腊哲学的重智传统又促成大学的出现，二百年间在各地应运而生的即有五十多家；到古登堡以油墨、铁字、纸张进行印刷，书籍的出版流通更令智识的普及一日千里，又催生了专注思考、分析、探索的知识分子。

早期商贸活动还是以地中海一带为主，但随着俄罗斯和奥斯曼帝国日渐强大，欧洲已经无法再向东、向南推进，于是转而向西，经大西洋、非洲开通与亚洲贸易的新航道，以打破地中海、中东一带被人垄断的状态；当时造船、导航技术有长足发展，令欧亚贸易可以大行其道，于是葡萄牙、西班牙、荷兰、法国、英国等大西洋国家（Atlantic nations）相继兴起，欧洲的经济重心开始由东向西转移，阿姆斯特丹、伦敦相继成为新的银行中心。哥伦布之"发现"美洲，更开拓出一个广大领域，提供极为丰富的资源；西班牙从南美掠夺黄金、白银之多，更曾经令当年欧洲出现通货膨胀（至少是原因之一）。大西洋国家把非洲土著卖到美洲作奴隶，使殖民地得到低廉的劳动力进行生产，再把奴隶生产的物品运回欧洲出售，以残暴剥削的方式谋取巨额利润，一方面助长了殖民地的发展，另一方面又为欧洲积累巨额财富。

其间西欧的财富不仅大量增加，而且连财富的形式也开始转变，以前说财富就意味着土地，现在则可以转指金钱，富豪也有了新的形态，在原来的大地主之外增加了大商贾，出现所谓 landed 与 moneyed 的说法；至于财富的性质也有所转变，由静态积存的财产（property）变为可以投资运用的资本（capital）。

这时，在贵族（加上教士）、农民之外的另一个阶级已经形成，他们所拥有的不再是土地、体力，而是金钱、智能，也就是原本意义上的中间阶级（middle class，一般译中产阶级，但原义是"中间"，指介乎贵族与农民之间）。这个阶级主要由商贾、专业人士、知识分子组成，在经济重心由农业慢慢转向商贸的年代，财力、智力的作用开始追及土地、武力，纸笔的力量不再逊于刀兵。在这种情况下，既有实力又善于思考的中间阶级当然不甘心再居人下，因而向贵族提出挑战，种质无异云云、你我平等云云在这个时候，而且也只能在这个时候出现。

2.6 平等的对象及范围

这既是时代的产物，但也受到时代的限制，因此我们绝对不能忽略，在他们口中"人人生而平等"的"人人"是指什么；其中之一是贵族不用说，另一是否就指贵族之外的所有其他人？这一点很引人深思。洛克在前引《政府论》中据自然律（Natural Law）高唱人人天生自由平等，但在帮沙夫茨伯里伯爵撰写1669年通过的《卡罗来纳基本宪法》时，第110条竟然作出这样的规定：

> 每个卡罗来纳自由民对其黑奴拥有绝对的权力权威。(every freeman of Carolina shall have absolute power and authority over his negro slaves)

杰斐逊在美国《独立宣言》中宣示"人人生而平等"，庄严而神圣，为此名垂千古。不过他自己却蓄养黑奴；对北美的土著，更提出过要屏诸荒野饿死（虽然原因之一是土著为英军助战）。在他们眼中，显然有些人是不属于"人人"之类的。

真正强调人人平等的是潘恩，他强烈反对奴隶制。不过，虽然潘恩的思想对美国立国影响重大，但他的反奴隶主张却得不到时人的青睐；在杰斐逊发表他的名言十一年后，美国 1787 年颁布的宪法 2 章 1 节规定，各州计算黑奴在国会中代表性时算作白人的五分之三；其间的不平等，即使一个世纪后的南北战争、又一个世纪后的民权运动，仍未能真正完全解决。

其中当然包括很多复杂原因，在基于血统肤色的种族歧视之外，有一点非常清楚的是，当时的黑奴与商贾、专业人士、知识分子显然大为不同，他们缺乏与贵族抗衡的经济与知识能力。

"人人生而平等"原是当时的中间阶级要指出"我们"和"你们"种质相同，"你们"指贵族，"我们"则不包括奴隶、土著，也极可能不包括印度等殖民地的属民。换句话说，"平等"并不是真的要求人人平等，只是要求中间阶级与贵族平等。

2.7 平等的先决条件

你有相称能力才能与我平等，这种思想其实渊源有自。我们一向认为古希腊政治有重视平等的传统，不过亚里士多德在《政治学》第 3 章 16 节指出，在出任公职时，平等只应该在平等者之间出现，如果以不平等待平等者，或以平等待不平等者，其实都不恰当，一如以相同的食物、相同的衣服给予不同的人；在第 3 章 11 节中，亚里士多德又赞同梭伦（Solon）及若干议员对平民"不平等"的对待，认为平民只应该有权选任官吏及向官吏问责，但不应容许他们出任公职。

古罗马的政治家西塞罗在《论共和国》第一卷第 43 节借西庇阿（Scipio）之口讨论几种政制利弊的时候，认为民主政治的问题在于"平等"本身并"不平等"，漠视了人在材质方面的差异（degrees of merit）；《法律》第三卷 24 节对罗马分权给"平民"（plebeian）以作安抚，令材质驽下的人"误以为"（imagined）自己和贤智之士相等的做法也显得相当无奈，只视之为消弭纷争的权宜之计。

古希腊罗马都有奴隶制度，阶级分明，出现这种想法还比较容易理解。但 18 世纪的欧洲虽然平等呼声已经响彻，卢梭在《社会契约论》第一卷第 3—7 章仍然认为在贵族之中选出执政者才是最好的做法。

而最值得人注意的是在《独立宣言》中高倡"人人生而平等"的美国，其立国者麦迪逊（James Madison）、杰斐逊在立国之初构思政治制度时之所以决定采用代议政制而不用直接民主，是因为他们根本怀疑一般人管治国家的能力，担心直接由民众治国容易沦为"多数人暴政"（tyranny of the majority），因此需交诸职业政客之手。

同样的想法其实不断反复出现，1859年密尔（John Stuart Mill）在《议会改革思考》（Thoughts on Parliamentary Reform）一文中也就此作过讨论：

> （有人认为）对国家的良好管治，所有人都有同等的利益（has an equal interest），因此，对如何控制他们自己的国家，所有人也应该享有同等的要求（has an equal claim）；这说法虽然不无可取——但有问题，选民通过选举权控制国家的时候，所控制的并非仅限于自身，还及于他人。因此，善于运用者就应该享有更大的选择权力。

所以他随即对英国的选举制度作出这样的建议："人人皆有票，士人多几票。"

密尔是边沁（Jeremy Bentham）的高足，边沁本来已经有一句由密尔转引而影响世界的名言"人人有一票，没人多一票"（everybody to count for one, nobody for more than one）。但密尔竟然反其道而行，显然是看到选举权力要与选择能力相应。奥威尔（George Orwell）在小说《动物庄园》中也有一名言："众牲平等，但有些比其他更平等。"（All animals are equal, but some animals are more equal than others.）本来意在讥诮，但其实正道出密尔在前引文跟着说出的精义，因为他指出："除非人人等值，何应处处平权。"（If it is asserted that all persons ought to be equal in every description of right recognized by society, I answer, not until all are equal in worth as humans.）

甚至到了今天，如果不拘泥字面而深入字里行间，我们也可以看到在不同论述中的同样怀疑。2014年3月第一周英国刊物《经济学人》发表了一篇长文《民主出了什么问题》，文中除了指出现今西方民主国家的诸般弊端之外，还提出若干补救方法：收缩政府权力、限制政客"市恩"，倚重独立组织、尊重专业判断，以此减轻政治干扰。提法非常合理。不过，政府、政客是选举产生的，其权力来自选民授予，收缩限制其权力实际上等同于收缩限制选民的权力；反过来，专业意见、独立组织是所谓未经选举洗礼的，把权力置于它们之手无异于僭夺选民的权力。程序上把民选民意奉若神明，操作上则对选民选出来的人处处设限，又或者偷梁换柱，其对今天西方国家一般选民选择能力的怀疑可谓昭然若揭。

福山2015年出版了《政治秩序与政治衰败》（*Political*

Order and Political Decay），书中他在缕述美国政治发展，分析慨叹政治衰败之余，对 19 世纪时的联邦林务局（United States Forest Service）大加称道，认为是成功典范，而其成功因素刚好是如下几点：由专业人士组成，按专业原则运作，不受政治干预。政客由选民选出，其所作所为理当是体现选民意愿，但福山最称许的部门却"忌惮"由选民选出的政客干预，隐藏着的是同样的思路。其实西方的司法机构也具有相同特质，在立法、司法、行政三权分立的西方国家中司法机关往往是最受尊重的一权，而法官却正是不由民选产生，而司法运作也是不受选民意向左右的。

2016 年布伦南（Jason Brennan）更旗帜鲜明，写了《反对民主》（*Against Democracy*）一书，其实他并不是真的反对，只是反对现代西方那种不问能力，人人"平等"的选举制度，书中提倡知识政治（epistocracy），即由有识者治国，虽然每人的选举权和被选权相同，但决策则要操于有识之士手中。

2.8 完全平等引致的问题

为什么不能完全不问能力，放任选民纯粹根据自己的意愿选举？请再看看密尔上面的引文，里面提出了非常坚实的论据——"选民通过选举权控制国家的时候，所控制的并非仅限于自身，还及于他人。"也就是说，选民选择的结果不单影响他们自己，还涉及其他人。就如大船选错了船长导致触礁沉没的话，遭殃的绝不会只限于那些作出错误选择的人，一定是人人受害。要在风高浪急、满布礁石的海岸安全航行，称职的船长至关重要，要选定谁人当船长，是简单地交由全体乘客一人一票表决，还是该让具有一定航海知识经验、了解各个候选船员长短优劣的人掌握更大的决定权？

我们不能忽略，权利同时也是权力，而权力有如工具，要令工具运用恰当，需要一定的能力，就如马力强大的钻凿，在机械师手中可以开山劈石，铺出坦途；但在外行人手中，却随时会摧毁房舍，害己害人。密尔等人肯定清楚认识到，如何选定执政者、代议士，如何判定什么人才、什么资历才称职胜任，需要对政治社会有一定认识，更需要相当的思考分析能力。他们反对的是当时的西方选举制度，因为它在实质上等于假定每一个选民都同样具备相关能力，这显然是有违常识常理的。

有一点更难理解的是，西方选举制度中都有年龄限制（密尔时代更往往有性别和资产限制），一般要到18岁才具有选举权，显然认为成熟程度是选举的必要条件。如果成熟程度是必要条件，何以知识能力就不是？如果规定18岁以下不具投票权不算歧视，何以规定缺乏一定知识能力者不能投票就是歧视？

在这方面，儒家思路和这些西方学者其实有不少相合的地方，国家利益、人民福祉是最重要的，民众意愿也一定要尊重，但最后的取舍应该取决于是否真正有利于人民福祉而非单纯是否符合民众意愿；因此，具备知识经验能力品德的贤智之士的意见比之纯粹的民众想法应占更大比重，要"从贤不从众"。如果勉强追求平等只会出现《孟子·滕文公上》所说的情况"夫物之不齐，物之情也……子比而同之，是乱天下也"[1]。

2.9 主动平等与被动平等

再进一步，从哲学的层面看，儒家的"不平等观"其实更能凸显人作为人的主体性。西方"人人生而平等"固然是对人的尊严与价值的高举，不过，这种尊严与价值是被动的，被赋予的，只要生而为人就自然具备，"人"的界定纯粹根据生物意义上的标准，个人无须有任何作为。

相反，儒家却在生物意义外再设定社会道德层面的要

---

[1] 事物之间材质有所差异，实况就是如此……你的无差别对待只会弄得天下大乱而已。

求；"人"必须经过主动努力，把仁（同感）、义（是非感）等人之作为人的潜质"扩而充之"，才能在社会道德意义上成为真正的"人"；这并非天生，而是由人自己去决定的；《荀子·非相》非常清楚地指出，人之所以为人，依靠的并不是生物特征："人之所以为人者，非特以二足而无毛也"，如果不"扩而充之"展现人的特性，以至于"无恻隐之心"，那就"非人也"，算不上社会道德意义的"人"。

　　同是"人"了，也有大人、小人之分，《孟子·告子上》："从其大体为大人，从其小体为小人。"[1]是不是"人"，是大人还是小人，人的尊严与价值由自己去决定，人才是自己最后的主宰，人作为人的主体性才得到完全的体现，这是对人的尊严与价值更高的尊重。

---

[1] 按自己高尚素质发展的是大人，按自己低下素质发展的是小人。

第三章 儒家礼与法

3.1 法治与依律而治

福山在《政治秩序的起源》一书中探讨了不同民族、不同文化下各种不同的政治制度如何产生及其中特点；第 2 章 6 至 9 节专论历史上的儒家体制，特别指出它缺乏法治（rule of law）；而法治这个课题亦反复在全书论及。

这当然不是说中国的封建王朝没有法律，但有法律并不等于有法治，可以只是依律而治（rule by law）。按西方概念，rule of law 与 rule by law 两者之间有重大分别；rule of law 直译是"法律的管治"，表示这种管治能够彰显法律的精神、体现法律的本质——公义性，着重的是法律的价值、法律的意义等理念层面；rule by law 直译是"以法律管治"，指施法者只以法律作为控制管治的工具，要求的只是坚守法律条文，一板一眼，照本宣科。

由于法治所追求的是公义、价值、意义等，所以"法"本身必须具备一种凌驾性的权威，包括君王在内的任何人都不能违反；反之，依律而治中的"律"只是统治的工具，所以只会用于民众而不及于君王自身。是法治还是依律而治，下面是一个关键标准：

法治——法律既适用于民众，亦适用于君王

依律而治——法律只适用于民众，不适用于君王

对法治，西方有一句话作了很好的概括："法为王者而非王者为法。"（The law is king instead of the king is law.）

根据这个标准，自秦汉以来的国家儒学体制都没有法治，有的只是依律而治。

3.2 西方法治传统

在这方面，西方（其实也包括伊斯兰世界）与国家儒学体制的中国大不相同，其法治具有深厚的传统，法治下的法律也享有和中国法律完全不同的崇高地位。希腊哲人苏格拉底明知判刑不公但仍然循法仰药而死，是其中脍炙人口的例子。苏格拉底之宁愿舍生取义，显然是由于"所恶有甚于死者"。何以违法比杀身更可恶？因为在西方文化中法律具有神圣的（celestial or divine）根源，往往和道德、宗教连为一体。

在希伯来法律中，十诫是最高的权威，而十诫是上帝假摩西之手颁授的，其神圣地位自不待言；《旧约·以赛亚书》33.22谓上帝是"法律的制定者"（lawgiver），《新约·雅各书》4.12更说我们不可评断别人，因为上帝是唯一的立法者，凡此都令法律居于至高无上的地位。

在希腊哲学中，处于至高无上地位的是理性，而法律则被视为理性的体现，其地位也可想而知；亚里士多德在《政治学》第3章16节中认为法治胜于人治，因为法治完全诉诸神灵与理性，而人治则带入了人的动物性；治国当然也要靠人，但那些人只应作为法律的守护者与执行者。

希腊哲学对古罗马的政治人物影响很大，西塞罗（Cicero）也视法律为"最高理性"，特别著有《法律》一书，在1书16—19节中认为"（探讨公义时）最有学养的人以法律为出发点"，法律"源于自然"（按：西塞罗的"自然"约略相当于中国的"天"），"何者可为，何者不可为，以此取决"，离了法律，即无国家／政府可言。罗马法典是现代欧洲法律的基础，可以视为西方重法传统的根源之一。

在伊斯兰世界中，以伊斯兰教法（Sharia Law）为法律，其根据主要来自《古兰经》和穆罕默德言行录（Hadith），所以亦至为崇高；伊斯兰教法的运用诠释全由学者（ulama）决定

(虽然学派之间可能有异),在伊斯兰社会中具巨大影响力;即使是君主,作为穆斯林之一,也不能不受其管辖(至少理论上),伊斯兰教法在理念上也具有凌驾皇权的超越地位。

在这样的文化背景之下,尊重法律的传统顺理成章得以形成,法律自然而然具有高于任何人的权威。所以,虽然17世纪中叶英王查理一世(Charles I)已经在政治斗争中落败,但其政敌克伦威尔(Oliver Cromwell)也要把他交付法庭审讯;由于审判在位君主并无先例,所以特别先请律师按古罗马法诛除暴君的律例制定相关法律作为判决根据;同样地,18世纪末法国大革命,法王路易十六(Louis XVI)虽然已成阶下囚,但也要先由国民议会(National Convention)加以审判,经宣读控罪,律师答辩,控辩双方陈辞等司法程序后再根据审判者投票结果才判决处死。这种对法律程序的尊重甚至见之于最野蛮的欧洲殖民者,他们尽管是明目张胆地进行侵略,之前也要宣称从土著手中所掠夺的是法律上的无人土地(terra nullius)。

"(君王)不臣服于人,而臣服于上帝与法律"(Not under man but under God and law),这是13世纪英国法官布拉克顿(Henry de Bracton)对法律的经典陈述,也是西方文化下的必然逻辑结论,充分说明了法律、法治何以在西方世界受到如此重视。

3.3 中国法律观念

3.3.1 儒家法律观念

在这方面，中国却大异其趣。儒家最早关乎法律的经典文献是《尚书·吕刑》，一如其名，重心在刑，强调其儆恶禁暴的处罚作用；其后《周礼·秋官·小司寇》按功能列出官职，虽然有若干部分作出五声、三刺等如何研讯核实的指引（五声是辞听、色听、气听、耳听、目听；三刺是一曰讯群臣，二曰讯群吏，三曰讯万民），但总体取向仍然和《吕刑》相同，到《汉书·刑法志》及对后代影响甚大的现存最早完整法典《唐律疏议》也是如此。其中虽然都指出执法要审慎公平，但只集中于审案定刑的操作性层面，并没有把法律提升至理念层面而视之为社会整体合理性的体现。

其中原因，在于儒家和西方在法律方面的思维框架根本就不相同，在儒道的体系内，首先就对德刑、礼法作出二分：

故制礼以崇敬，作刑以明威也。（《汉书·刑法志》）

德礼为政教之本，刑罚为政教之用。（《唐律疏议》）

所有能够体现价值、意义的都由德礼承担，刑法只不过是德礼不行时的消极补救，所以虽然德礼和刑法都是"通天地之心""则天象地"而作（皆见《汉书·刑法志》），但能够具有正面意义，享有崇高地位的只限于前者。

3.3.2 法家法律观念

法家远比儒家重法，偶尔提及法律可以提高人民福祉，例如：

> 立天子而贵之者，非以利一人也……故立天子以为天下，非立天下以为天子也，立国君以为国，非立国以为君也，立官长以为官，非立官以为长也。法虽不善，犹愈于无法，所以一人心也。[1]（《慎子·威德》）
>
> 圣人之治民，度于本，不从其欲，期于利民而已；故其与之刑，非所以恶民，爱之本也……刑胜，治之首也。[2]（《韩非子·心度》）

---

[1] 立天子之位，令他极为尊贵，并不是为了他个人利益……所以，是为了天下而立天子，不是为了天子而立天下；是为了国家而立国君，不是为了国君而立国家；是为了管治（服务）而委任在上位的官长，不是为了官长要在上位而让他管治。法律即使有问题，也比没有法律好，因为可以令民众有统一的标准。

[2] 圣人管治人民，是从根本去考虑，而不是顺从人民的欲望，目的只在于令人民得到好处。所以，以刑法惩罚人民，并不是出于厌恶，而是爱民的基本……彰明刑法，是治国的第一步。

虽然如此，法家将法律基本上仍然只是视为一种治术，集中于如何可以有助君主控制国家，视之为工具多于价值，还未达到法律高于君王的法治水平。法家的法没有凌驾性，不能及于君主，说得最明白的是《商君书·赏刑》："所谓壹刑者，刑无等级。自卿相、将军以至大夫、庶人，有不从王令，犯国禁，乱上制者，罪死不赦。"[1]一方面，说"刑无等级"，但另一方面，在所列的等级之内却并不包括"君主"，法家之法所能及的高度可谓昭然若揭了；落到具体事件，在秦太子犯法之时，《史记·商君列传》记载商鞅更因为"太子，君嗣也，不可施刑"，而改为处罚他的老师公子虔。

《管子》中有些片段似乎可以理解为君主也应守法，例如：

> 有生法，有守法，有法于法。夫生法者君也，守法者臣也，法于法者民也。君臣上下贵贱皆从法，此谓为大治。[2]（《任法》）

---

[1] 所谓"壹刑"，是指刑法不会根据罪犯的等级而有差别；由卿相、将军以至大夫、庶民，凡是不遵照国君命令，违反国家禁制，扰乱国家法制的，都要处死。

[2] 有制定法律的，有执行法律的，有遵守法律的；法律由君主制定，由官吏执行，人民则去遵守。君臣上下任何等级都遵守法律的话，国家就会平安无事。

禁胜于身，则令行于民矣……不为君欲变其令，令尊于君。[1]（《法法》）

　　为人上者释法而行私，则为人臣者援私以为公，公道不违，则是私道不违者也。[2]（《君臣上》）

"君臣上下贵贱皆从法""禁胜于身""令尊于君"都可以理解为法令制定之后就应该按之而行，不可随君主之意而改变。但这绝不等于君主不可以改变法律，只不过是指出了随意改变就会对法律的权威性、有效性造成不良影响而已，仍然未能超逾工具层面的现实考虑，更不代表君主违法也要受到制裁，历史上也找不到君主因违反自定的法律而接受审判的例子。

3.4 君权在法律之外的制约

　　从西方的法律观点看，中国帝王的地位至高无上，拥有完全不受制约的绝对权力，下编1.3所引徐复观的"一人专

---

[1] 法禁的力量大于个人命令时，人民就会遵从政令了……不要为君主的意欲而改变法令，法律要比君主具有更高地位。

[2] 如果君主为了个人（利益）而放弃法律，那么臣下就会把个人利益当公事去办，如果（君主）不违反国家的大道，那么（个人）也不会违反。

制"即以此立说，学者也由此解释何以中国政治会出现"劣君难题"（bad emperor problem）；那些学者的逻辑很简单，既然一国施政完全由君主个人素质决定，君主好时自然国泰民安，毫无问题，但碰上坏君主时，由于制度上无法制约，必然会弄得不可收拾。

不过，如果真的这样，立刻就会引出另一个问题，阿克顿（John Dalberg-Acton）有一名言："权力易于使人腐化，绝对的权力使人绝对腐化。"中国帝王既然拥有绝对权力，就应该绝对腐化；何以暴君虽间或有之，但亦不多？综观中国历史，明君固少，但暴君亦不占多数，绝大多数都是庸常之主；何以这些君主能够避免因碌碌无能而祸国殃民？原因并不复杂，因为真正掌政是一个儒家官僚集团，君主在施政上其实受到不少制约。

下编 1.1.1 指出，在儒家政道中，君主并不是至高无上的，古代帝王自称"天子"（天之子），虽然一方面是假天之名抬举了自身的神圣，但另一方面也同时被"天"压下了一己绝对的权威，其中关系《礼记·表记》说得很清楚："唯天子受命于天，士受命于君，故君命顺则臣有顺命，君命逆则臣有逆命。"因为天子的权威来自上天，要臣属服从的话，君主的施政也必须符合天道。

下编 1.1.1 引述过《尚书·泰誓》"天视自我民视,天听自我民听"和拉丁古谚语"民言自是天言",再加上"替天行道"的"行",显示出我们向来是把"人"的视、听、言、行都解释为上天意志的体现。而在传统中国,"人"往往有特定所指,即掌握了话语权的士大夫群体——儒臣。

也就是说,天、道、天道是由接受儒家教育的士大夫凭借儒家经典去诠释的(与伊斯兰教法之由"学者"解释类似)。中国的君主,跟为他服务的朝臣大夫一样,接受同样的儒道教育,熟悉同样的历史教训,帝王与朝臣之间使用的是共同"语言"。道—天道的道德权威、后代史家所给予的舆论压力、对家族(先王、子孙)的责任感等其实都对君主构成了强大的制约;在中国历史上,除了少数极端的例外,很少君主是会完全无视朝臣的反复劝谏而一意孤行的。

所以,在西方法律角度下的绝对权力,在儒学体制下的历史事实中其实是大受限制的。套用布拉克顿的话,我们可以这样说:中国的君王"非臣服于法,而臣服于天道与祖宗";中国王朝有"下诏罪己"这政治传统,显示了在人世间看似至高无上的天下一人其实仍然是有所从属的;"上干天咎……无面目见祖宗于地下"[1]，明崇祯帝死前书于衣襟这几句遗言，充分代表了中国历代君主难以卸离的终身戒惧。

因此，认为中国历代王朝的施法不符合法治精神——未能置所有人于法律之下，这在技术上说是正确的，但这并不等于说在实际运作上不能对君主产生跟法治类似的制约功能。

3.5 以礼代法

循此思路，我们可以发现将中国的法和西方的法进行比较可能根本就走错了方向，因为两者有本质差异，严格来说不是同一事物。以道、术的框架看，法在中国文化中只属于"术"，是一种工具，以之维持治安，保障秩序，所以在用语习惯上"法"往往只指刑法，施于惩罚，非迫不得已不用，《论语·颜渊》中孔子教导弟子要"必也使无讼乎"[2]，更成为历代执法者的座右铭。但在西方文化中法属于"道"，本身是一种价值与意义，是公义和合理性的体现。中国的法就是法，但西方则法出于道，带有形而上 / 宗教上的性质，所以具有亦道亦法的地位。西方人的坚守法律，甚至不惜放弃生命，其实等同于中国人的殉道；换句话说，由于法生于道，

---

[1] 对上，我遭受了天谴……我没有面目见祖宗于黄泉。
[2] 尽量使得根本不出现争讼。

道存于法，所以违法不仅违反了法律条文，而且还离弃了公义与合理性。

从这个角度，我们可以再审视"（君王）不臣服于人，而臣服于上帝与法律"这句话。《新约·约翰福音》是这样开始的："太初有道，道与上帝同在，道就是上帝"，既然基督教传统下的西方法律起源于上帝，而上帝又即是道，这样法——上帝——道三者就具有一以贯之的关系，西方的"从法不从人"其实亦可以说为"从道不从人"，和儒家的"从道不从君"就接近得很了。

按道、术的框架，在儒家政道中与西方法律地位相称的并不是法，而是礼，上编4.1.1《左传·昭公二十五年》赵简子与子大叔对道—礼之间的一体性做过很有代表性的陈述："夫礼，天之经也、地之义也、民之行也""礼，上下之纪、天地之经纬也，民之所以生也。"

能够安身立命，安邦定国的是礼，礼才是道德价值所在，才是公义与合理性的体现。为与一般揖让进退的仪—礼区分，我们称此为道—礼，儒家的道—礼，一如西方的法，也可以凌驾君王，《孟子·梁惠王下》认为残暴不仁的纣王已经不再是君主，可以像普通人一样加以诛杀；《史记·殷本纪》说商朝大臣伊尹把商王太甲放逐到桐；《汉书·霍光金日碑传》记载：昌邑王在守丧时违礼"服斩缞，亡悲哀之心，废礼谊，居道上不素食"[1]，出现《资治通鉴·汉昭帝元平元年》所说的"淫迷惑，失帝王礼谊，乱汉制度"[2]，于是霍光联合其他大臣把他废掉，这些行为都是得到儒家认可的。

3.6 礼、法之异

不过，道—礼的层次虽然与西方的法相当，但以道—礼为基本的礼治却难以和按法律去执行的法治相比，因为礼治缺乏明晰、确定、一视同仁、符合程序公义等法治要素。明晰指法例的意义清楚准确，条文经过正式公布，不能任意解释；确定指执行确切，可以预测，不朝令夕改，不时废时行；一视同仁指相同情况下任何人皆相同对待；程序公义指有规定步骤、有公平合理的安排、有种种机制确认以避免错误等。明晰、确定、一视同仁这三者，先秦的法家已经提出过：

> 法者，编著之图籍，设之于官府，而布之于百姓者也。[3]（《韩非子·难三》）

---

[1] 穿着斩衰的丧服，但完全没有悲伤的心情，不遵从礼义，在道上不肯吃素。

[2] 行事荒淫错乱，违反皇帝的礼义，败坏汉家制度。

[3] 法律，是编印成册，放在官府之内，向平民百姓公布的。

法,莫如一而固,使民知之。[1](《韩非子·五蠹》)

法禁易变,号令数下者,可亡也。[2](《韩非子·亡征》)

所谓壹刑者,刑无等级。(《商君书·赏刑》)

但这都是就定法、执法而言,并非为礼治立论。至于程序公义,《尚书·吕刑》的五辞(或解为双方对质,或以为即《周礼·小司寇》的五声)、《周礼·小司寇》的三刺之类涉及审讯程序的,也是就刑法而说,并非就礼立论。以霍光废昌邑王为例,固然以道—礼为理由可以得到认可,但君主违什么礼?违礼至什么程度才被废?是否凡君主违礼皆被废?是否有同样违礼甚至更甚者而未被废?废君如何执行,由什么部门、什么人执行?凡此种种,皆说明它不具备法律之为法律的特点。所以,虽然儒家道—礼和西方法律的道德权威都可以凌驾君王,但同样是诛杀君主,替天行道式的"诛一夫纣"和根据法律审判结果而处决英王、法王,两者性质完全不同,前者只是政治举措,后者才是法律行为。

---

[1] 法律最好只有一套,而且稳定不变,使民众知道清楚。

[2] 法律禁制朝令夕改,频繁反复的,国家就很容易灭亡。

其实，明晰、确定、一视同仁、符合程序公义这种种要求，都是旨在减低施法时的任意性，限制执法者，使之不能按一己好恶而或宽或严、或惩或赦，责甲不责乙，刻意罗织入罪等。不过，任意性强正是礼治的特点，其优点固然是较为灵活，较有效率，正如《春秋繁露·精华》所谓："春秋之听狱也，必本其事而原其志：志邪者，不待成；首恶者，罪特重；本直者，其论轻。"[1] "春秋断狱"是判案时根据春秋大义，"原心论罪"是考虑犯案者的动机，这样做不时会更合乎公义原则；不过这对主事者个人的才智品德要求很高，依赖亦重；遇上奸佞，更会滥权渎职，贻害国人。而且，除非把有关原则明文化、法律化（如唐律），否则就会出现立法原意与法律执行两者背离的情况。《韩非子·难势》两千多年前就已经指出因为贤智的执法者不可多得，所以不能依靠执法者，"今废势背法而待尧舜，尧舜至乃治，是千世乱而一治也"[2]；反之，如果把法律定得明晰精确，就易于操作，一般人都可以胜任，《韩非子·用人》中有"使中主守法术，拙匠执

---

[1] 根据春秋义理去审案，一定要弄清楚事情起因，找出犯罪动机；动机不良的，即使没有成事（也要处罚）；为首的，刑罚加重；本来有道理的，处罚要轻一点。

[2] 如果不利用制度权威，不依靠法律去等待尧舜，要等到出现尧舜一样的君主才令国家上轨道，那就要混乱千百次才会出现一次治世了。

规矩尺寸，则万不失矣"[1]。

3.7 礼治的政治需要与理念根据

不过，任意性强这个特点，不是礼治的偶然性缺失，而是由礼治的本质所决定的。这可以分三个层面来说：

i. 礼是传统的汇聚，包含不同时代、地域、人物的行为模式，本身就相当庞杂，不易明晰化，上编 3.2.2 提到《史记·孔子世家》中晏婴已经对儒者作过这样的批评"累世不能殚其学，当年不能究其礼"；礼必须加以诠释，而诠释必然带有任意性；

ii. 礼的诠释权操于士大夫之手，民众难以挑战，掌握了任意性就掌握了特殊的力量，这是士大夫阶层的秘密武器，他们当然要竭力保有，以作为维持治权、维持自身权威的重要支柱。

儒家之崇礼反法，从理念层面看，固然是要强调礼的正面教化作用，要求诉诸民众的道德自觉，不同意法家只着重负面禁制，把民众视作仅有利害考虑的动物。孔子和司马迁这两段说得很精要：

---

[1] 让一个普普通通的君主根据法律和行政规则治国，让一个平庸的工匠运用圆规和角尺操作，出错的机会就少之又少了。

> 道之以政，齐之以刑，民免而无耻；道之以德，齐之以礼，有耻且格。[1]（《论语·为政》）

> 夫礼，禁未然之前；法，施已然之后。法之所为用者易见，而礼之所为禁者难知。[2]（《史记·太史公自序》，原出于贾谊）

不过，这只是事实的一面，不能忽略儒家也有政治现实的顾虑。所以，当春秋后期郑国铸刑书，晋国铸刑鼎之际，叔向、孔子大加反对；因为由礼而法，加以明晰化、确定化而降低任意性之后，诠释空间就会大为缩减，民众据法力争，统治阶层的权威就会降低，地位就会削弱：

> 惧民之有争心也……民知有辟则不忌于上，并有争心，以征于书。[3]（《左传·昭公六年》）

---

[1] 用政令刑法去治国，民众只会由于害怕处罚而不干犯法纪，但并不是因为觉得犯罪可耻；反之，如果通过道德礼制去引导民众，民众就会养成羞耻之心，因而不去犯罪。

[2] 礼，是在犯罪之前就起了禁制作用；法，则是在犯了罪之后才加以惩罚。法律的效用很容易看得到，但礼防患于未然的功能却不容易明白。

[3] 就是担心民众会生起和你斗一斗的想法……民众懂得法律，他就不会对在上位的人有所忌惮，会想和你斗一斗，而利用法律作为根据。

民在鼎矣，何以尊贵？贵何业之守？贵贱无序，何以为国。[1]（《左传·昭公二十九年》）

"征于书""民在鼎"都是说人民会根据刑书、刑鼎——明确公布出来的法律——去和士大夫阶层据理力争，根据法理而不是地位作决定的结果当然是"不忌于上"及"何以尊贵"了，这肯定是统治阶层所要竭力避免的。

《左传·昭公十四年》中，叔向得孔子赞誉为"古之遗直"（具有古人之风的正直大臣），他和孔子都是春秋贤臣，两人之希望人民"忌上""尊贵"，当然不是为了方便鱼肉百姓，残民自肥。他们更有可能是真正信守"劳心者治人，劳力者治于人"这原则，认为由贵族君子治国，上下有别才是最理想的制度；今天看来虽然匪夷所思，但古来贤哲持有这种观点的颇不乏人，古希腊亚里士多德、古罗马西塞罗，甚至近代欧洲的卢梭其实都赞成一定条件下的贵族治国（见下编2.7），而且按当时的历史现实看，贵族和知识阶层是一而二，二而一的关系，叔向、孔子之有这样的想法，完全可以认为他们所要求的只是贤能政治（meritocracy），由知识阶层治

---

[1] 民众用刑鼎的法律作为根据，贵族还怎样可以凸显自己的地位？还可以依靠什么作为守护？当贵族平民之间的尊卑关系不再存在，还怎样治理国家！

国,这不仅一点不奇怪,甚至是理所当然的。

iii."尊贵"以维持士大夫阶级的优越地位是道—礼本身的要求;《史记·乐书》"乐者为同,礼者为异;同则相亲,异则相敬"[1],儒家的道—礼是阶级等差之礼,通过上下有别去运作;贵贱、尊卑、亲疏,种种"差序格局",都是儒家视为合理的秩序;要维持政治上的差序格局就要"尊贵",就要保持士大夫阶层单方面的诠释权,就要保持礼治的任意性。

3.8 礼治淡出的必要——由礼而法的转向

不过,赋予士大夫阶层诠释权,完全依赖其判断,只能适用于春秋早期;当时一国之内统治集团不大,相互之间容易形成默契,勉强还可以依靠共识施治;这有点像美国立国初期,当时的统治阶层几乎都是互相认识,甚至是同一所大学毕业的,他们想法相同,作风接近,令独立之初的美国政治清明,为后世史家所津津乐道。但中国到了春秋后期,随着铁器、牛耕、商业等进步发展,"庶矣哉"那样的人口增加,经济繁荣已经成为普遍现象,政治、经济、社会的复杂化使同是春秋贤臣的子产意识到,不能再依赖任意性强的礼

---

[1] 乐的作用是使人与人之间和谐起来,礼的作用是使人与人之间有上下之别;和谐可以令人相亲,有上下之别可以令人敬重长上。

治，所以才会有上编 3.2.1《左传·昭公六年》子产的铸刑书，因为他要解决现实问题，"吾以救世也"，以致引起和叔向的争论。

大势已成，明文化、明晰化的法律在执法中已经不可或缺。春秋时郑、晋的刑书刑鼎、战国时魏李悝的法经、散见于考古发掘的秦律汉律，以及后人编集的《历代刑法考》（沈家本）、《九朝律考》（程树德）等，虽然只及一斑，但由此已经可以窥见法律明文化的大趋向。秦汉之后帝国形成，幅员广袤，各地风俗语言互异，官僚集团庞大，根本不可能再依靠默契共识而维持全国一贯的管治。《汉书·刑法志》载宣帝时涿郡太守郑昌上疏要求"立法明刑"；成帝时下诏，认为"律令烦多……自明习者不知所由，欲以晓喻众庶，不亦难乎……令较然易知，条奏"[1]；这些都显示了法律明晰化的要求，所以尽管汉以后多号称以儒道治国，但刑律仍然陆续出现，顾不上孔子明言反对刑鼎的态度了。

我们今天仍然可以看到的完整法典是唐律，其他有些零篇断简，瞿同祖在《中国法律与中国社会》导论中结合中国社会文化，对历代刑法的总体特性作了概括，指出中国历代

---

[1] 律令繁杂，甚至连专家也弄不清楚其中的根据由来；要一般百姓明白这样的法律，不是难乎其难吗！……要把法律写得明白易晓，一条一条具体奏上。

法典的特色是以礼入法，在法律中体现儒家的伦理原则——亲疏尊卑："中国古代法律的主要特征表现在家族主义和阶级观念上"，瞿氏此语，可说是把孟子心中的话说了出来，正如上编1.3所引《孟子·梁惠王下》："国君进贤，如不得已，将使卑逾尊，疏逾戚，可不慎与。"

君主唯才是用，当然不可以再顾及有关人士的尊卑等级和与自己的亲疏关系，"卑逾尊，疏逾戚"是不可避免的，这一点虽然孟子不反对，但也只是视之为不得已的特殊措施，可见在孟子心目中，尊高于卑、戚先于疏是理所当然的正常状态，这是不折不扣的家族主义和阶级观念。朱熹在《戊申延和奏札一》中更清楚说明了司法判案如何实际操作：

> 凡有狱讼，必先论其尊卑、上下、长幼、亲疏之分，而后听其曲直之辞。凡以下犯上，以卑凌尊者，虽直不右；其不直者，罪加凡人之坐。[1]

西方法院的大门前往往竖有正义女神像，一手持天秤，一手持剑。天秤代表公平，剑代表强制，和《汉书·贾谊

---

[1] 审案时首先考虑双方尊卑、上下、长幼、亲疏的关系，然后才看双方谁是谁非。凡以下犯上的，即使有道理也不会判得直；至于理亏的更罪加一等。

传》所说古代大臣请罪时"盘水加剑"（水表公平，剑表强制）倒是若合符节。不过正义女神还蒙着眼睛，以表示不管你是谁，法律面前人人平等；而中国古代司法，若不知道罪犯身份，根本就无法判案，下面我们就其中的阶级问题加以探讨。

3.9 法律上的"不平等"观

瞿同祖《中国法律与中国社会》一书共 6 章，其中 3、4 两章专论阶级，第 4 章更集中于不同阶级在法律上的不同地位。其总体图景为：以一般平民百姓（良民）作为参照基点，官吏享有种种特权，而奴仆贱民则各方面都受到歧视。《礼记·曲礼上》"礼不下庶人，刑不上大夫"之语，除了间或有点宽严之异，可以说很简括地代表了历代按阶级而异的司法精神；其基本原则是，身份特殊者，有司不能自行逮捕审问，要先经皇帝批准；以"八议"为例，凡入于亲、贵、故、宾、贤、能、功、勤八类者，即宗室成员、高官显宦、帝王旧识、他朝遗裔及品德高尚、才能出众、功劳卓著、兢兢奉公的人都要另行处理；《唐律疏议》卷二名例二对"议"的说明是"原情议罪"——根据实情论定罪罚，"根据实情"其实就是不按律例，由皇帝另行委任大臣集议斟酌决定，而且不能如平民百姓般加以刑讯。

官员贵胄在诉讼过程中也有优待，他们无须在公堂上答辩，平民不能与之对质，甚至在公文里也不能指名道姓。即使判决有罪，除了十恶等重罪之外，官吏也往往可以用官职、爵位抵免，所谓"以官当徒"（按：徒指徒刑），而且事后亦可以继续出任官职。

在杀伤罪中，平民杀伤官员贵胄与杀伤一般平民定罪处分不同，按规定要加重。这种种特殊待遇，不单只适用于官员贵胄本人，亦及于其家属。

按阶级而施法有异，不仅存在于官员贵胄与平民之间，也存在于平民与贱民之间。所谓贱民，与良民（一般平民）相对，指奴婢、倡优、皂隶及某些特别部族，如广东的蜑家之类；贱民受到的歧视很大，连科举应试的权利也被剥夺，甚至连及三代。良民杀伤贱民，罪减一等，反之则加一等；如果良民与贱民之间有主仆关系，轻重的差异更大。

自汉以后，历史刑律基本上出自儒家的士大夫之手，其视阶级而变的大原则与法家所说的"刑无等级"大异其趣，很容易令人联想到来自儒家礼教所强调的上下尊卑思想，所以刑律中这些规定一般都认为是儒家意识形态下的产物。

不错，儒家从常识出发，是不承认人与人之间无原则的平等的（见下编 2.1）：

> 唯上知与下愚不移。（《论语·阳货》）
>
> 天之生此民也，使先知觉后知，使先觉觉后觉。（《孟子·万章上》）
>
> 劳心者治人，劳力者治于人。（《孟子·滕文公上》）

"治人/治于人"的说法，更明显是就士大夫与民众而作的划分。我们必须承认，儒家对自己的士君子身份是有一种优越感的，樊迟问为稼为圃的农事，即被孔子批评为目光短浅，胸无大志（参上编 7.4）。儒者自视甚高的同时，也要求特殊待遇，如前引《左传·昭公二十九年》孔子"何以尊贵"之语，将特殊待遇视为分内应得，理所当然；《汉书·贾谊传》载贾谊因周勃下狱之事劝谏汉文帝要善待士大夫，提出"廉耻节礼以治君子，故有赐死而亡戮辱"[1]，其中也包含了明显的不平等意识，士君子的尊严不可戮辱，难道平民百姓就没有尊严，就可以戮辱？何以尊严只及于君子？《论语·泰伯》"士不可以不弘毅"是我们津津乐道的话，细看之下也掩

---

[1] 以廉、耻、节、礼等道德要求去管治士大夫，所以只会把他们赐死但不会加以刑戮羞辱。

盖不住一种优越感，何以说的只是"士"？平民百姓就无须"弘毅"？根据《论语·泰伯》"民可使由之，不可使知之"，他们跟着士君子去做就可以了，自己不用有什么磨砺修养。

这些今天看来完全政治不正确的说法，置于当时的历史环境下，其实很容易理解：《管子·牧民》"仓廪实则知礼节，衣食足则知荣辱"，在教育不普及，经济相对落后，平民百姓只能专注力耕劳作以望维生的情况中，尊严与责任都是奢谈，《孟子·梁惠王上》指出"无恒产而有恒心者，惟士为能"（参上编9.5），没有固定的田产就是无以为生，一般平民百姓遇上这种情况就往往作奸犯科去讨生活，这是孟子基于事实观察而得出的结论，因此，较严格的要求，只能对士君子才谈得上，也因此士有足够理由要求较优惠的待遇。

在中国古代的政治现实中，士君子在政治地位上、在能力品德上都不可能与一般平民百姓平等，这是儒家"不平等"观的由来。不过，政治地位、能力品德上的不平等是否也应该导致人与人之间在法律地位上的不平等？由于孔孟论政的重点集中于礼、教而不是刑、法，这便成为一个他们罕有触及的问题；也就是说，虽然汉以后各代基本上都说以儒道治国，虽然我们今天能看到的刑律也主要出自儒臣之手，但历代刑律中不同阶级之间在法律地位上的不平等究竟是根据孔孟政道而得出的自然延伸还是出现了偏离与异化,其实学界并没有认真作过思考。

3.10 平等与公平

在讨论平等不平等之前,我们首先要区分清楚两个概念——平等(equality)与公平(equity)。平等的关键是"相同",说的是绝对数量,而公平的关键则是"相称",说的是相对数量。皮凯蒂(Thomas Piketty)在《21世纪资本论》(*Capital in the Twenty-First Century*)中所关注的"平等"是前者,重心在于人与人之间所得是否相同(准确地说是差距是否太大);而亚里士多德在《尼各马可伦理学》第5章讨论公义(justice)中所关注的"平等"则是后者,重心在于人与人之间所得是否与各自的付出相称。

人与人之间所得是否相同是简单的数学问题,很容易确定,但人与人之间所得是否与各人的付出相称却并不简单,要加以判断。一个是坐着看书的小孩,一个是体力劳动的壮汉,分配食物时两人所得一样,数量当然是"相同"了,但两者"相称"吗?平等是平等了,但恐怕并不公平。在亚里士多德眼中,是否合乎公义(just)并不决定于甲乙两人所得是否相同,而在于是否与两人付出相称(proportionate),

也就是英语中所说的 to everyone his due，不同的人皆"各得其分"，这样才算合理，而这也是朱熹对《论语·季氏》"不患寡而患不均"的理解，各得其分才是真正的"均"。受者有"各得其分"的权利，而施者则有"各予其分"的责任，一得一予都得当，施受各得其所，都能够"恰如其分"，这样才算公平。

在这个逻辑下，士君子固然可以有"亡戮辱"的要求，但他们自己也就不能"不弘毅"；反过来说，如果他们真正已经"弘毅"而有士君子之行，也就可以提出"亡辱戮"的要求了。

to everyone his due，恰如其分，是公义（justice）的核心概念；即使西方常说的"法律面前人人平等"，也绝不是机械化的简单等同；甲、乙都杀了人，乙是处心积虑，甲则是在盛怒之下，两者不仅判刑不同，甚至控罪也有谋杀（murder）与过失杀人（manslaugther）之别异（美国谋杀分三级：故意且有预谋致人于死、故意但无预谋致人于死、无意亦无预谋但致人于死）。"法律面前人人平等"是指在同样的情况下要同样处理，其实质就是恰如其分。"一命偿一命""杀人偿命"好像很平等了，但这做法其实只是部族文化中原始道德的残余，甲部族的人给乙部族的人杀了，有时甚至无须找到真凶，只要把乙方一人交由甲方处死即行了结，这是不问情由，只求简单机械化平等的结果。

把平等、公平两者区分开来，对了解儒家政道很重要。《论语·季氏》谓"有国有家者，不患寡而患不均"，一般人往往视之为孔子要求平等的标志性宣言；《孟子·梁惠王上》"庖有肥肉，厩有肥马；民有饥色，野有饿莩"更毫无疑问是对贫富悬殊的强烈谴责。不过同是《论语》《孟子》，又记录了不少孔孟并不"平等"的行事：上编9.4提到《论语·乡党》说孔子生活饮食讲究，吃要吃上品东西，还一定要有相配的酱汁，酒和肉脯都要家酿家制的，买回来的不吃；以当时的物质条件看，这显然不是人人能享受到的，孔子不以之为不公平；《孟子·滕文公下》说孟子出行时"后车数十乘，从者数百人，以传食于诸侯"，孟子也不以为是太奢侈。

3.11 儒家追求的公平

这里清楚显示，孔孟所要求的不是简单的平等，孔子的"均"，不是 equality 而是 equity，也就是"恰如其分"的公平；如何达致恰如其分？那需要人人素其位而行，这就是"正名"；至于什么人、什么身份（名）应该得到什么"分"，那要根据礼的设定；可以说，公平合理／恰如其分／

正名／礼，只不过是同一概念在不同语境中的互文表述，四者之中任何一项有所缺失，都不可能达成儒家政道。

名实之恰如其分，要从两方面看：一是有其名，可以享其实；孔子位居大夫，因此不妨食精脍细；二是有其名，必须履其实，《史记·孔子世家》记载孔子由大司寇摄相事时，取得途不拾遗的政绩。名位、责任、待遇三者要一体一贯，无其名位而享其待遇是僭越，正如《论语·八佾》"八佾舞于庭"批评季氏无天子之名而享用天子之舞。居其名位而行为不当是失职，正如《论语·宪问》"卫灵公之无道"说卫灵公行为不符合君主之道。如果名位、责任、待遇三者一一相称，就可以达致公平的"均"，尽管其中有高下等差的不平等。在三者之中，儒家其实特别重视名位与责任之间的相称，用今天的话说就是"职责"，有何"职"，负何"责"，必须恰如其分：《孟子·滕文公下》记载齐景公田猎时，用"旌"去召唤虞人，虞人因为这一工具不恰当而不肯去，甘冒被杀之险，得到孔子赞许；同一段跟着再说赵简子的御者王良不肯为讨好嬖奚而"诡遇"（不循正道驾车），在以实际表现证明自己并非御术不佳之后，宁愿辞职。《礼记·曲礼下》则有："国君死社稷，大夫死众，士死制。"

《左传·哀公十五年》记载卫国因为蒯聩和当时的国君争

位而发生内乱。当时孔子弟子子路、子羔都在卫国出仕，孔子根据两弟子性格，推断会一死一生；结果子路真的自外而入以殉死，而子羔则离国而去以避难；孔子固然因子路之死而难过，但他并没有赞扬子路的壮勇，也没有谴责子羔的避祸。因为乱事发生之时子路不在卫国国内，不任其事，亦无其责，并没有殉死的必要，而且可能犯了《孟子·离娄下》所说"可以死，可以无死，死伤勇"[1]的毛病；子羔的身份《左传》并没有清楚记载，但应当不是内乱双方的臣属，所以也无须为此负责；内乱已成，大势已去，因此模仿蘧伯玉"邦无道……卷而怀之"[2]的明哲保身也是无可厚非的，和上编9.3所引的"虽闭户可也"（《孟子·离娄下》）一样。

《孟子·滕文公下》两例是因为职责和职位不相称而不可为；《礼记·曲礼下》所说则是居其位者必须尽其责，不可不为；《左传·哀公十五年》所载子路、子羔之一死一生则在可为与不可为之间。这些事件都强调为人处事要按照"职""责"之间的相应要求进行，《礼记·曲礼下》《左传·哀公十五年》两段尤其值得注意——殉死固然壮烈，但殉死的对象、条件也要随身份职责之异而有所不同，这才恰

---

[1] 某些情况可以殉死，也可以不殉死，殉死的话反而会挫伤了勇气。

[2] 政局纷乱之时……退藏自隐。

如其分。

这个角度可以让我们对上编8.2谈过的"赵盾弑其君"这经典事例有进一步了解，《左传·宣公二年》说"晋灵公不君"，晋灵公行事残暴贪婪，甚至要谋杀向他进谏的大臣赵盾，赵盾被逼逃亡，但还未离开国境晋灵公就给叛臣杀了，赵盾于是回国，并没有处分叛臣；当时晋国的太史董狐书写下"赵盾弑其君"，并在朝廷上出示，赵盾觉得很冤枉，但董狐说，你是晋国主政的大臣，逃亡时并未离开国境，回国后没有诛杀叛臣，难道你不应该负起这个弑君的责任吗！

孔子就这件事作过评价，他认为董狐这样记载是正确的，但又很为赵盾觉得可惜，因为他所犯的只是技术性错误，如果当时逃离了国境，那就无须负责了。

《朱子语类》卷八十三中，朱熹认为这是为乱臣贼子开脱，大加非议，但又不敢批评孔子，于是硬说孔子评议其实是左氏之言。我们的看法刚好相反，孔子之语其实清楚显示了儒家如何看待"职""责"的恰如其分；"晋灵公不君"，死不足惜，所以孔子对弑君者不予以道德上的谴责，但赵盾未卸此"职"，则仍负此"责"，在技术上不能不承担弑君之名。任此职则负此责，去此职则无其责，职权和责任的关系展现得非常清晰明确，"越竟乃免"云云更关系到技术性的细节,可谓非常精到(孔子之所以认为子路无须殉死也是出于同样考虑)。当然,孔子的看法还未能完全前后一贯,不及孟子"撒脱",由于晋灵公"不君",不负君主之责也就失去君主之实,无其责无其实,也就不再是真正的君主,只等于一个普通人,一如《孟子·梁惠王下》所说"闻诛一夫纣矣,未闻弑君也",应该说赵盾(真正行事的是赵穿)所杀的已经不是君主了。

  孟子不用"正名"一词,但他要求"职"与"责"必须恰如其分,实质上就是正名。"闻诛一夫纣矣,未闻弑君也",我们耳熟能详,但除此之外还有不少事例展现同样思路,《孟子·梁惠王下》记载了一段孟子和齐宣王的对话,对话以譬喻开始,有人出国时把妻儿交托朋友照顾,回来后发觉原来朋友根本就没管,令妻儿冻馁饥寒,孟子问此人应该怎样对待那个朋友?齐宣王回答:和这人绝交;孟子再问,如果士师没法管好属下的士,又怎么办?齐宣王回答:把这个士师免职!最后关键的问题来了,如果一个国家治理得不好,要怎样对待那个君主?这时齐宣王就顾左右而言他,答不上话来了。

  《孟子·离娄下》中,孟子对齐宣王说的话也表现了完全相同的思路:"君之视臣如手足,则臣视君如腹心;君之视臣如犬马，则臣视君如国人；君之视臣如土芥，则臣视君如寇仇。"

君主怎样对待臣下，臣下也会以相应的态度对待君主，强调的也是彼此之间必须对等的观念，是恰如其分的另一种表达；背后所体现的也是上编 9.2 "报"的原则。

3.12 "礼不下庶人，刑不上大夫"

3.12.1 "刑不上大夫"原义

众所周知，《礼记·曲礼上》的"刑不上大夫"，并不是说大夫可以免受法律惩处，只是受罚之时不应受到榜笞刖之类的羞辱；这种做法一在于保存大夫的尊严，二由于大夫有羞恶之心，知所自处，无须假手他人，也就是贾谊所谓"廉耻节礼以治君子，故有赐死而亡戮辱"。司马迁在《报任安书》中，对自己之遭受宫刑所以痛心疾首，不在于其对身体的伤残，而在于对尊严的损害，文中说到"士有画地为牢，势不可入；削木为吏，议不可对"[1]，因为问题不在于身体实际受到什么对待，而在于入牢受审本身就是对士人尊严的极大侮辱；李广宁愿自刭，"终不能复对刀笔之吏"，重心亦

---

[1] 只要你在地上画个圈当作牢狱，士人就不肯进入；竖根木棍权充审讯的官吏，他也不会回答。

始终落在《礼记·儒行》所说的"(士)可杀而不可辱也",《汉书·贾谊传》中贾谊对君主如何保持臣下尊严,臣下如何保持自己尊严有很形象的说明:

今而有过,帝令废之可也,退之可也,赐之死可也,灭之可也;若夫束缚之,系缧之,输之司寇,编之徒官,司寇小吏詈骂而榜笞之,殆非所以令众庶见也。[1]

至于臣下自处,则应该:"闻谴何则白冠牦缨,盘水加剑,造请室而请罪耳……其有大罪者,闻命则北面再拜,跪而自裁。"[2]依赖的是内在的道德自觉自律而不是外在的刑法处罚禁制。

简言之,既要君主尊重臣下,臣下也要自尊自重,刑不上大夫的要义在于大夫出于羞恶之心能知所自处,这才是恰如其分的公平。而后代法律之优待贵官,却往往成了既不(自)杀,又不辱,那就完全不是刑不上大夫,而是法难及大

---

[1] 臣下犯了过错你可以下令贬谪废黜赐死,但不能绑起来交到狱吏狱卒手中加以呵斥鞭打,令他在民众之前失去尊严。

[2] 受到谴责要自己戴上白冠,以牦牛毛为帽缨,在一盘水上放上剑,去负荆请罪……特别严重者更要向北拜谢皇恩之后跪下自杀。

夫，与公平简直南辕北辙了。

3.12.2 "礼不下庶人"的现实

至于"礼不下庶人"，以当时的社会环境来说不难理解。《礼记·中庸》说"礼仪三百，威仪三千"，经过长时间的累积演化，礼已经形成了一个特定而复杂的文化符号系统，《史记·孔子世家》中晏婴就批评过"累世不能殚其学，当年不能究其礼"。

只有对久习于这些文化符号的统治—知识阶层，礼才能产生意义，该阶层外的平民百姓，面对种种揖让进退恐怕只会瞠目结舌，不知所措。"民可使由之，不可使知之"这句话今天看来充满统治阶层的傲慢，不过实事求是地描述了当时的政治现实，而"礼不下庶人"，也只是由当时的社会阶层实况所决定而已。

3.12.3 "礼不下庶人，刑不上大夫"的异化

不过，从儒家政道的内在逻辑看，"礼不下庶人"却无从推导出要特别苛刻地对待贱民的法律。《孟子·尽心下》有"民为贵"的名言，其中的"民"是否只指后代的所谓"良民"而不包括农奴婢仆，我们无法确知，但可以肯定的是，孟子从未说过某些阶级的人低人一等，比之亚里士多德《政治学》一书认为某些人种天生为奴（参下编2.4），更为一视

同仁。《孟子·告子下》"人皆可以为尧舜"、《孟子·公孙丑上》"今人乍见孺子将入于井,皆有怵惕恻隐之心",其中的"人"也并没有把某个阶级排除于外。

后世法律中贱民之后不能参加科举连及三代的规定,实质上是不以个人的努力决定而由出身背景决定,可谓是完全背离了《孟子·告子上》的"从其大体为大人,从其小体为小人"和《孟子·滕文公上》的"有为者,亦若是"[1]所强调一切决定于个人努力的理念,亦大大违反了《论语·卫灵公》"有教无类"所标举的不加区别的原则。《孟子·梁惠王上》记载了孔子对"俑"的非议:"始作俑者,其无后乎",古代用来陪葬的往往是奴隶婢妾,孔子对用陶俑去代替都觉得难以忍受,其对奴隶婢妾关爱之深可想而知,他不大可能认为要特别苛刻对待这些人。关于如何审案治狱,《论语·子张》中曾子告诫弟子:"如得其情,则哀矜而勿喜。"[2]可见儒家对一般民众处处充满同情。礼之所以不下庶人,因为一般民众无甚知识,难明礼义,但也正因如此,不能以一般标准责求,如《论语·尧曰》所言"不教而杀谓之虐;不戒视成

---

[1] 凡有作为的人,都可以这样。

[2] 审讯时就算确定了案情可以定罪,也不要高兴,反而应该对罪犯加以怜悯。

谓之暴；慢令致期谓之贼"[1]，这样只会导致《荀子·富国》所说的情况："故不教而诛，则刑繁而邪不胜。"根据儒家政道的逻辑，只能够得出越是弱势社群，越是知识贫乏，就应该越加宽容的结论，这样才可以达至恰如其分的公平。

儒家对礼、对名位都非常重视，《左传·成公二年》中孔子特别指出"惟名与器，不可以假人"[2]。礼与名位都严分上下尊卑，统治阶层以其才识能力而身居高位，享受优渥待遇，孔孟对此都心安理得，视为理所当然，丝毫不以其"不平等"而视为不当。《新约·马太福音》21:28 说耶稣之降世，是"非以役人，乃役于人"，不是来受人服侍，而是要服侍人；儒家很不相同，君子肯定是"役人"，不过，他之所以能够"役人"，正由于他是"役于人"，在上位者受民众供养，因此也必定要为民众服务，名位也一定连带责任，礼的形式也必须配以礼的实质，一如西方所说的 noblesse oblige——特权连着责任；从儒家恰如其分的逻辑看，待遇越高，则责任越重，如果反而监守自盗、滥权渎职，那么要接受的惩罚也应越大，这才是儒家政道的逻辑结论。

---

[1] 不加教育就苛责是虐待，不加训诫就要求做得好是暴戾，不及早通知又不让延期是害人。

[2] 名位与代表名位的器物，是不可以随便借给别人的。

权贵犯罪是知法犯法，应该罪加一等，贱民犯罪是愚鲁无知，应该宽容教育，这才符合儒家恰如其分的公平理念。历史刑法中之所以上宽下严，只能解释为：就上宽而言，制定刑法的是士大夫，要针对的也是士大夫，很容易出现物伤其类的想法，于是官官相卫，至于是否也包含担心他日作法自毙而预留后路的考虑，就难以确言了。就下严而言，则贱民的智力、财力、社会地位都低下，难以反抗，严苛对待可以方便管治而不容易引发危机，于是就只取其方便了。

我们当然要有这样的认识：儒道并不是内容固定不变的一个简单体系，自孔孟之后儒道即因应时代需要而有所变化发展，秦汉中央集权之后出现金耀基《中国政治传统与民主转化》所说的官僚化国家儒学体制就是最明显的例子（参下编1.3）；董仲舒、朱熹所倡所言都在孔孟之外，但也不能因而否定其为儒家，一如我们今天的佛教论说，真正出自释迦牟尼之口的也不多。不过我们同时要注意，虽然不能以孔孟所言作为儒家的唯一标准，但也不能把凡自视自言为儒者的所言所行都归入儒家，其关键不在于有关言行是否与孔孟一致，而在于能否与孔孟兼容，是否与之有本质上的矛盾。

汉以后虽然历代或多或少都自命以儒道治国，而刑律的制定亦出自受儒臣之手，但其中对权贵的过分优待，对贱民的刻意歧视，却不仅难以在以孔孟为代表的儒家核心理论中找到根据，而且出现了明显的乖违，与其说这是儒道在官僚化之后自身的发展，不如说是统治阶层因一己利害考虑而出现的偏离异化。

第四章　亲亲相隐困境

4.1 亲亲相隐

容隐，是对关系密切者的包庇维护，这是社群生活的常态，不仅世界各民族皆然，也普遍见诸其他群居动物，可以说，这不是一时一地特定文化的产物，而是群居动物的本然习性。

当两个社群之间发生争执，第三者的取态往往不决定于孰是孰非，而在于哪一方与自己关系更密切，农村中以一村一姓去争夺水源，朝堂上以朋党去攻击异己，这种"党同伐异"的现象无日无之；国人喜欢以同乡、同姓、同学、同校、同年（科举）去拉关系，性质也完全一样；甚至现代国际纷争中的常用语"维护国家利益"，背后也是出于相同的意识。其中最显而易见的一种是亲亲相隐，就此《论语·子路》作了一个经典表述："父为子隐，子为父隐，直在其中矣"；《汉书·宣帝纪》载西汉地节四年夏五月宣帝下诏：

> 自今子首匿父母，妻匿夫，孙匿大父母，皆勿坐。

其父母匿子，夫匿妻，大父母匿孙，罪殊死，皆上请廷尉以闻。[1]

这成为后代亲亲相隐的基本原则。亲亲相隐不仅得到认可，告发亲人甚而被视为罪行，《隋书·刑法志》（又参瞿同祖《中国法律与中国社会》）记载梁武帝时建康女子任提女诱拐人口，犯了死罪，其子景慈加以指证，反而被认为"陷亲极刑，伤和败俗"[2]，被判流放。"父为子隐，子为父隐"在后代成为法律，严重的干犯者甚至会被处死。

亲亲相隐并不限于中国，西方也一样，普通法区如英美、大陆法区如德法等都赋予近亲拒绝在法庭上作证以免陷另一方于罪的权利，容隐范围或有不同，英美限于夫妻之间，而法国则及于父子兄弟。不过，不仅可以容隐，而且必须容隐，由权利转为义务，反过来以告发为罪，应当是中国社会文化特性下的产物；这对以个人为单位的西方社会来说，并不容易理解，但在中国却近乎理所当然，因为中国传统社会以家族为单位，家族是构筑支撑整个社会的基本。家

---

[1] 儿女、妻子、孙儿包庇父母、丈夫、祖父母的，无须受处分；父母、丈夫、祖父母包庇儿女、妻子、孙儿的，只要不是死罪，都可以通刑法官向朝廷提出申请。

[2] 令母亲被处死，破坏家庭和谐，影响风俗。

族要维系紧密，成员之间就应有血肉相连、休戚与共、如同一体的感觉；如果彼此告发，成员之间的信任就会削弱，即使罪犯得到惩罚，但论及破坏家族团结对社会基本结构所造成的破坏就远为得不偿失了；任提女一案判词中"伤和败俗"一语，说得极为精到。

4.2 容隐与公义

不过，纵容犯罪同样会造成社会破坏，对犯罪者不加惩处，社会秩序就无以维持，不能产生《礼记·表记》所说"以怨报怨，则民有所惩"的效果（参上编8.7），虽然后代不能够再私自报复，但做坏事有恶报这因果关系一定要维持，否则坏人不会有所顾忌，受害一方以至社会整体也会觉得不公平。所以容隐不能全无限制，一般是限于近亲之间，再加上孝道尊卑的考虑，尊匿卑与卑匿尊又有不同对待；而且如果犯的是大逆等重罪，又不在容隐之列。至于公私之间如何取舍，其中分寸如何拿捏，很早就引起过讨论。在《孟子·尽心上》中，孟子的弟子桃应提了一个虚拟的情境：如果舜当天子的时候他爸爸瞽瞍杀了人，舜会怎样做？把孟子的回答加以分析，可以看出其中的思路是：在公，舜为天子，所以不能滥用公权禁止皋陶执法；在私，舜为人子，不应让父亲受死，所以只能偷偷把父亲救出来，跑到偏僻的海边避开追捕，连天子的权位也要放弃了。[1]

也就是说，当公的权责和私的亲情有所冲突时，取私舍公。不过，在孔孟的取舍中，我们不能忽略以下两点：

i. 孟子所主张的只是取私舍公，并不是以公谋私或以私废公。换言之，当私情与公职不可得兼的时候，可以放弃公职以达私情，但并不能利用公职去满足私情，所以舜不能以天子职权禁止皋陶执法，否则会成了以公谋私；也不能保有公职而不执行公务，不执行公务就要放弃公职，所以舜要弃天下而去，否则就是以私废公。这和下编 3.11 所提到的职、责相称原则是一贯的。

ii. 亲人犯法，孔子建议加以隐瞒，孟子建议进行拘捕，两者处理方式不同，其中原因可能有二：

a. 当事人的身份不同，前者纯为私人父子，后者则是要对百姓负责的天子。

b. 两者的严重程度不同，前者只涉及少量金钱，易于补

---

[1] 桃应问曰："舜为天子，皋陶为士，瞽瞍杀人，则如之何？"孟子曰："执之而已矣。""然则舜不禁与？"曰："夫舜恶得而禁之？夫有所受之也。""然则舜如之何？"曰："舜视弃天下，犹弃敝蹝也。窃负而逃，遵海滨而处，终身䜣然，乐而忘天下。"

偿；后者则伤及人命，无法挽回。

在《孟子·尽心上》的事例中，我们可以再追问，假如瞽瞍逃离法网之后继续杀人，舜是否仍然可带着他逃跑，继续纵容父亲作恶？虽然无法肯定孟子会如何作答，但却可以根据《孟子·万章上》另一事例作出推论。例中孟子说舜把有庳这个地方赐封了给他的弟弟象，由于象是个坏蛋，他弟子万章就认为这样会令有庳的人民受到残害，质疑其合理性[1]；就此，孟子"作出"这样的安排："象不得有为于其国，天子使吏治其国而纳其贡税焉……岂得暴彼民哉。"[2]

换言之，亲人要加以爱护，但必须以不对他人造成损害为前提；可用这两句话概括：包庇可以，纵容不能。根据这个原则，前例中舜之所以要跑到偏僻的海边，可以理解为一是要保护父亲，二是要在化外之地以减少瞽瞍对别人的伤害。

这虽然仍是把私人亲情置于社会公义之上，把犯法应受到惩处的原则置于对亲人尽保护责任之下；但在私人亲情与社会公义之间，前者已经不是无条件地凌驾于后者的了。

---

[1] 象至不仁，封之有庳，有庳之人奚罪焉？
[2] 象虽然是封君，但只是名义上的，有庳的实际施政舜另外派人主理，这样有庳的百姓就不会受到象的残害了。

4.3 先私后公的底线

从这个角度看，法典中的容隐原则，孔孟皆有其例，可说是儒家政道的自然延伸；但纵容亲属以侵害他人，却绝不是孔孟之道所能允许。亲情考虑之不能凌驾一切的原则，也同样适用于血亲复仇，《礼记·曲礼上》"父之仇弗与共戴天，兄弟之仇不反兵"（参上编9.2），明言子女有为父复仇的责任。但《公羊传》也设下"死者罪有应得则不能复仇"的条件：

> 父不受诛，子复仇，可也；父受诛，子复仇，推刃之道也[1]。（《公羊传·定公四年》）
>
> 凡杀人而义者……令勿仇；仇之则死。[2]（《周礼·地官·调人》）

"父受诛"及"杀人而义者"意思都指被杀者罪有应得，在这样的情况下就不能报仇，可见对血亲负责之余也要兼顾所为的合理性，"情""理"两者必须相称；也就是下编9.2所说的文明人的"直"。

---

[1] 如果父亲是不应该被诛杀的，那么儿子可以报仇，但如果父亲该被诛杀，而儿子又去报仇的话，就只会杀来杀去而已。

[2] 凡合理的杀人……会命令被杀者一方不得报仇，否则会被处死。

我们应该这样看，儒家思想是在部族社会、小农经济背景之下产生的，自然反映了其中的文化特质，例如"父仇不共戴天"的血亲复仇、"父子相隐"的包庇容隐之类。特别是容隐，虽然在近亲之间最容易看到，但绝不限于近亲，只要是同一社群，成员之间互相容隐其实是一种常态，因为成员之间互相维护，可以增加凝聚力，团结紧密以抵抗外侮，若不互相维护，整个社群就容易离散；《孟子·离娄上》认为"父子之间不责善；责善则离，离则不祥莫大焉"[1]，为了"不离"，不惜"不责善"，到亲人真的犯了错误，为了"不离"，加以包庇容隐也就自然顺理成章了。毕竟家庭之内也好，大于家庭的社群也好，"离"都是危及自我保存的心腹大患，一定要竭力避免，"不责善""容隐"都是追求"不离"而产生的自保机制。

不过，"同一社群"的定义却因时而异。一般而言，人与人之间有所互动，彼此认识，产生亲密感，就会形成社群，如家族、邻里、乡村等就是最自然形成的社群；但在人类社会中，除了自然社群外，更有一些"构想的社群"（imagined communities），其中成员绝大多数都互无接触，例如同省的

---

[1] 父子之间不应该责成对方要怎样为善，因为这样一来就会令父子离心，极为有害。

"乡里"、几十万人的"校友"、几百万人的"同行"等,而最典型的就是"国家",内中成员绝大多数都互不相识,但自觉为同一社群,成员可以在极端情况下为素未谋面的其他成员效死,例如在战争之中。

社群的大小,取决于"我们"与什么"他者"相对,以一个村落为例,某一家族与另一家族发生争执时,一般先维护自己家族内的成员;但当"他者"是另一个村落时,则同村内的不同家族又会自视为同一社群;一姓、一乡、一省、一国,都是如此。

家族是最自然的社群,对家族成员予以容隐可谓理所当然,《论语》中的父子相隐,《孟子》中舜的救父、封弟都是其例;但儒家还有一个极大的"构想的社群"——天下,《论语·颜渊》谓"四海之内"的成员"皆兄弟也"。这个社群虽然出于构想,但却有心理上的实感,所以才会有《孟子·公孙丑》所说的"乍见孺子将入于井,皆有怵惕恻隐之心"。小至家族,大至天下,对亲族成员有由衷的关切,对天下百姓有天生的不忍,也就是《孟子·尽心上》"亲亲而仁民"[1],两者难以偏废,对两个社群的成员都要加以维护,其间

---

[1] 对亲人要亲爱,对人民要关怀。

必须取得均衡，否则就非中庸之道。就此先秦时代的儒者已经有所措置，在自然社群的亲族血缘和构想社群的社会公义之间划出界线：

《孟子·尽心上》：舜可以为私情而带着父亲逃跑，但不能以公权禁止皋陶执法。

《孟子·万章上》：舜为兄弟之爱可以把象封于有庳，但象的权力必须架空，以防止其残害百姓。

《左传·隐公四年》：卫石碏与石厚虽为父子，但石厚与州吁弑君，面对如此大逆，石碏可以不顾父子之情，"大义灭亲"，设计诛除。

《论语·先进》：孔子弟子冉求替君主聚敛，损害百姓，孔子号召其他弟子"鸣鼓而攻之"，并不为师徒关系而加以容忍。

《左传·昭公十四年》：晋邢侯和雍子因为争田相持不下，事件由叔向的弟弟叔鱼审理；雍子自知理亏，先把女儿嫁给叔鱼，结果叔鱼判邢侯有罪，邢侯一怒之下就在朝廷之上把叔鱼和雍子都杀了。韩宣子问叔向应该如何定案，叔向说：三个人都有罪，邢侯要先处死然后陈尸，雍子和叔鱼已经被杀，死后也要陈尸；三人之罪在于雍子为脱罪而行贿，叔鱼因受贿而枉判，邢侯则在于当朝自行杀害二人。孔子对叔向这个处理非常赞赏，称他是有古风的正直大臣。[1]

《公羊传·定公四年》《周礼·地官·调人》对复仇予以肯定，但必须符合一个先决条件——死者是无辜被害；若罪有应得则不能复仇。

4.4 君子之义与小人之义

凡此种种，在小的社群利益之外都明显有大的社会公义的考虑。秦汉之后，政治、社会、经济更为复杂，金耀基所说的国家儒学体制亦因应现实需要而有所发展，例如把法律明文化，把施法程序规章化，把惩处权予以垄断等。但部族社会及小农经济下的文化习性并没有完全消除，其中最足以说明问题的是关公崇拜。

4.4.1 关公之义

关羽在《三国志》中的记载不过寥寥千字，除了"万人敌"的过人勇武之外，形象并不特别鲜明。民间所崇拜的其实是《三国演义》中的关公，书中的种种虚构，是罗贯中把

---

[1] 晋邢侯与雍子争鄐田，久而无成……叔鱼摄理，韩宣子命断旧狱，罪在雍子；雍子纳其女于叔鱼，叔鱼蔽罪邢侯，邢侯怒，杀叔鱼与雍子于朝。宣子问其罪于叔向，叔向曰：三人同罪，施生戮死，可也；雍子自知其罪，而赂以买直，鲋也鬻狱，邢侯专杀，其罪一也……仲尼曰，叔向，古之遗直也，治国制刑，不隐于亲，三数叔鱼之恶，不为末减，曰义也夫，可谓直矣。

民间流传的关羽形象汇集起来加工，以寄托一般民众心目中的理想人格；特别是关羽在第五十回中华容道"义释曹操"一事，更被誉为"拼将一死酬知己，致令千秋仰义名"，成为后世"义气"的完美典型。不过，如果以儒家标准衡量，其实大有问题；儒道的容隐原则是包庇可以，纵容不能；《三国演义》中刻画的曹操乃大奸大恶，关羽放虎归山，无疑是纵容曹操继续荼毒天下，对兴复汉室大业、对拯救黎民百姓于水火会造成多大损害？

书中，曹操为求关羽放过自己，引春秋时庾公之斯不肯射杀师父的师父子濯孺子为例（见《孟子·离娄下》，原出《左传·襄公十四年》，细节略有出入，参上编8.7）。这当然是罗贯中要为关羽的抉择寻找根据；可惜两事轻重完全不同，子濯孺子只是敌方一名战将，他的生死对战事并无决定性影响，但曹操在书中却是关键人物，一生一死对三国孰胜孰败至关重要，两事轻重之悬殊更远远大于"其父攘羊"与"瞽瞍杀人"，对第三者所造成的损害相去不可以道里计，可谓完全拟于不伦。

4.4.2 儒家之义

书中关羽熟读《春秋》，本来应该了解孔子对公义私恩之间的取舍有很明确的褒贬，《左传·昭公二十年》记载了一次叛乱，当时卫国政事不靖，齐豹等人要袭杀公孟絷，作乱前先通知自己的朋友宗鲁避开；宗鲁当时是公孟絷的下属，但他没告知公孟絷，及事发则以身捍卫，结果与公孟絷一同被杀。

宗鲁事前不予举报，使齐豹得以行凶，又令其主遭到贼害，所以虽然一死以报主报友，仍然受到孔子谴责，连弟子琴张前往吊唁也被他制止。换言之，令乱事得成，令其主丧命，实在有亏大义；即使以身相殉，既殉主，又殉友，所守的也只是小义而已，完全不足为训。

大义小义，孔、孟分得很清楚：

言必信，行必果，硁硁然小人哉。[1]（《论语·子路》）

大人者，言不必信，行不必果，惟义所在。[2]（《孟子·离娄下》）

死守个人恩义，罔顾广大社群利益的只是"小人"之义，"硁硁然"是呆板僵化的意思；《三国演义》中的"义"，字面上与《论语》《孟子》中的"义"相同，但实质

---

[1] 说话绝不食言，替别人做事一定做好，小人那样硬邦邦不作变通。

[2] 作为大人，答应了的不一定会做，做事不一定做出结果，纯粹取决于那事合不合理。

上却只是部族文化中只问我他，不论是非的原始道德。

4.4.3 义之权衡

在中国很多地方都立庙奉祀孔子、关羽，一入文庙，一入武庙。以两人在中国所受的尊崇来说，入庙受祀是理所当然的，不过以文武划分却未尽贴切；因为关羽受祀，不是尊其武，而是崇其义，但亦不能因此简单地把武庙改为义庙，因为孔子也是"义以为质"（见上编 4.1.1《论语·卫灵公》）。在我看来，孔子与关羽皆称义，但一为兼善天下的君子之义，另一为只顾私恩的小人之义，可说分别代表了中国社会中儒士阶层的大传统和庶民阶层的小传统。义之大小和士庶阶层不同的认知水平有密切关系。庶民百姓一般只能够接受简单直截的道德判断，什么都要一分为二，非黑即白，非对即错，对于在黑白夹杂、亦对亦错之中作出艰难的取舍总是视为畏途。

上编 8.6 提到《孟子·告子下》这样的讨论：礼与食色哪个更重要？一般而言是礼重于食色；不过，如果是礼之轻者遇上食色之重者，就要取食色而舍礼；但如果违礼太甚，那时又要取礼而舍食色了。考虑之时既要在礼与食色之间作质的比较，又要在两者之间做量的权衡。可谓彼亦一是非，此亦一是非，怎样做都不"全"对，有时甚至乖离常轨，要在其中作艰难的取舍决断，好学深思的君子也未必能处处妥帖，因此《论语·子罕》中，孔子即说过这样的话："可与共学，未可与适道；可与适道，未可与立；可与立，未可与权。"（参上编 8.5）

孔子认为如何作恰当的权衡判断是做人处事的最高考验。关公是按庶民百姓心目中的理想形象塑造的，华容道义释曹操之所以广受推崇，因为其中彰显的正是他们最容易欣赏认同的道德。庶民百姓的世界很小，视野中没有四海之内的兄弟，只有一己所识所知的亲邻故旧，其行事标准也很简单——你对我好，我对你好，恩怨分明，也恩仇必报，极端情况下不惜自我牺牲。其中是非必须直接明了，如果要求庶民百姓像孟子所说那样多方权衡，反复思考，就未免强人所难了；《三国演义》中关公是一介武夫，只好读《春秋》但不及《论语》《孟子》，而且即使读了《左传·昭公二十年》宗鲁殉死为孔子所责之事，也弄不清楚公义私恩之间当如何取舍，如此角色设定，充分凸显了庶民道德的特性。

4.4.4 私恩与国法

笔者觉得，按上编 7.3 所引《论语》对君子与小人的分野，文庙、武庙其实应该改称"君子庙""小人庙"才恰当。《论语》中的"君子""小人"和今天所理解的大不相同，并非指道德方面的高尚、卑劣，小人之中也有刚强节义之士，所谓"硁硁然小人哉"。君子之别于小人，除了士庶地位有异之外，尤其在于见识眼界方面的高下广狭，君子怀抱天下，任重道远，小人则目光浅窄，徒知营生。《论语·雍也》中孔子曾经对子夏作出如此告诫："女为君子儒，无为小人儒"；子夏是孔门高弟，如果还要老师告诫"做好人，不要做坏人"，那就简直是侮辱了，但如果是因孔子对高徒期望甚殷，要他取法乎上，不应只满足于做个营营役役的小市民，而要当仁不让，做兼善天下的士君子，这话就说得合情合理了。君子、小人之异如此，而"小人庙"中香火甚盛，关公崇拜历久不衰，从中可以看到只知小节小义的部族文化在庶民阶层之中是如何根深蒂固。

　　大义小义之异也见之于一般人对血亲复仇的态度。《礼记·曲礼上》"父之仇弗与共戴天，兄弟之仇不反兵"，认为对父兄之仇要自行报复才算克尽子弟之责；但这只能理解为先秦时代的道德准则，当时并没有集权制的中央政府，而政府也未能如韦伯《政治作为一种志业》文中所说的"垄断了具认受性的武力"，自行报复是社会的常态，不仅得到容许，而且很可能是唯一可行的途径。但上编 9.2 载福山在《政治秩序的起源》中的观点认为，到了秦汉时代，中国就已经出现韦伯所谓的"现代国家"，对国家进行管治的是一个具有现代形态的官僚结构,统属有序、职责分明、人员专业等;"现代国家"的特征之一是垄断了具认受性的武力,在凶杀案发生后,即使行凶者应予处死,也只能由国家执行,受害人亲属是不能越俎代庖的。

以下举两个例子:《后汉书·申屠蟠传》记载,东汉安帝、顺帝年间,缑氏女为父报仇杀人,县令本要处死,得申屠蟠进谏才得减刑。《后汉书·列女传》中,汉灵帝年间,赵娥父亲被杀,她报仇后自首,尽管禄福长尹嘉有意释放,她却坚持接受法律惩罚,因为"怨塞身死,妾之明分;结罪理狱,君之常理。何敢苟生,以枉公法"[1]。

以上例子中私仇和公法之间的界限划分得很清楚,可见至迟在公元2世纪,不仅政府已经对惩处权具有垄断性,而且这种垄断性也得到民众的认可接受。

从国家整体秩序及长远稳定性考虑,必须坚持这种施法垄断性,这是大义的角度。但在一般人眼中,家近国远,父兄之仇不可不报,否则食不下咽,睡不安寝,于是不时以小义为先,自行解决,而社会上对此也往往不以为非,甚至赞许——赵娥后来遇赦,州郡为她立旌表,太常张奂更以束帛

---

[1] 父仇得报,怨恨消除,为此而死,在我来说是应该的;而对罪犯判刑处罚,就你的职责来说也是理所当然,我怎敢为了偷生人世而令你歪曲法律!

礼待。这在历朝施法中不时引起争议，《旧唐书·孝友传·张绣》中，唐玄宗虽然知道"孝子之情，义不顾命"，但基于"国家设法，焉得容此""法在必行"的考虑，下令把为父报仇者处决，还颇受到非议。

　　置小义于大义之上这种做法有时更可以得到官方士大夫的认可，对子报父仇者加以宽宥。一如关公崇拜，虽然最盛于平民百姓之间，但也并非不及于其他阶层，《史记·游侠列传》中司马迁对游侠作这样的赞语："今游侠，其行虽不轨于正义，然其言必信，其行必果，已诺必诚，不爱其躯，赴士之厄困，既已存亡死生矣；而不矜其能，羞伐其德，盖亦有足多者焉。"[1]虽然一开始先说"不轨于正义"，但后面一段赞叹才是真正的重点所在，连司马迁对大义小义都持如此态度，就更不能责之于一众士大夫了。

　　中国文化重孝，父母之仇至关重要，即使禁止自行报复，也不能私自和解，否则不仅遭受社群歧视，更为国法所不容，《唐律疏议·亲属为人杀私和》规定，其处罚由流放、刑杖至坐牢不等，以此从另一个侧面对报父母之仇作出肯定。

---

[1] 现在游侠的行为虽然有违正义，但信守承诺，绝不半途而废，自己甘冒生命危险去救别人，令本来要死的得以保存一命；事后又不会自夸居功，实在也很有值得称道的地方。

4.5 人情与法理

可以说，就容隐问题对儒道作评价，要分两个层面。从理念上看，孔孟向来持情理兼顾、中庸均衡的儒道原则，所以对亲属的纵容包庇，在公务上裙带请托之风不能归咎于儒家。但从现实上看，则种种不正之风直至今天还普遍存在，无时无之，无处无之，而且绝不限于庶民阶层，官绅士族无不如此；以儒道治国二千多年，何以还未能杜绝之？我们认为，在儒家看来，主要原因在于根据家族主义下的儒家之礼，以及基于个人与亲邻故旧的疏密远近而履行相应的责任是"道"的要求，是价值的体现；与此相对的是法，因为法缺乏价值意义，只是管治的工具，所以遵守法律亦只成了避免陷于刑辟的现实需要；悖礼而对亲邻故旧失责在道德上是可耻的，会在社群中受到排挤，违法而遭受惩处则不过是虑事欠妥的不智，有时甚至成为被同情的对象。

司马迁在《史记·游侠列传》中对游侠作奸犯科的行为并没有贬斥谴责，反而重点渲染他们同侪之间如何慷慨仗义（例如包庇郭解的人自杀以断绝追缉线索）；《史记·信陵君列传》中魏无忌盗虎符、杀晋鄙、调动军队等违法行为也丝毫没有受到批评，重点全集中在他与侯嬴的私人情义，甚至连救赵也不是基于国家利益，而是要回应平原君的个人请求。对这种态度，国人一般都不以为怪，甚至视为理所当然，司马迁在《史记》中对这些人物如此处理，虽然严格而言未达儒家公私权衡的真义，但也真切反映了中国传统社会的主流意识，显示了与庸俗化儒家思想即小人之义之间一脉相承的关系，也为中国社会裙带请托之风何以长期禁之不绝提供了最佳解释。

我们多半都认识这样的"好人"，他们对亲友以至所识所知皆有情有义，但对路人的苦难却可以视而不见，漠不关心。因此有人提出，在君臣、父子、夫妇、昆弟、朋友这五伦之外，还应该提出第六伦——群己。美国 19 世纪巨富钢铁大王卡耐基有一名言：死时仍然家财万贯，是可耻的；他身体力行，去世时除了留下少量财产给太太女儿之外，天文数字般的财富全捐出来。举措类似的，近有洛克菲勒，今有比尔·盖茨、巴菲特等，这几位的捐献所加惠的，都是他们所不认识的第六伦。真要找这样的人，在中国也不难，例如陈光标，虽然他所为不无争议，但真的做了不少贡献，而且也表示死后会把财产全部捐出；天灾人祸之际，也总有不少志愿者挺身而出，有钱出钱，有力出力，扶危济困，令人非常欣慰。

据美国的国家慈善信托（National Philanthropic Trust）统计，2019 年美国人全年捐款共 4496.4 亿美元，其中 69% 由个人捐出，一般家庭平均捐款 2514 美元；中国方面，据中国新闻网资料，2019 年全年捐献 1701.44 亿元，大部份由机构捐出，个人只占 23.3%，人均 107.81 元。在志愿工作方面，美国 2017 年估计参与者占全国人口 25.1%，而同年中国登记为志愿工作者的占总人口 7%。当然，中美两国社会情况不同，经济发展阶段不同，人均收入更大大不同，难以作出准确比较，但差距悬殊，仍是彰彰在目。

西方国家如美国之重视第六伦，一般认为是源自基督教传统，在现代西方社会服务、国家福利未充分发展之前，承担起教育、医疗、慈善等责任的，本来就是教会；其实伊斯兰世界也有类似情况，五功是伊斯兰基本教义，其一为天课，要求教众把年终盈余按一定比例捐献，以救助贫苦者，减轻贫富悬殊，而伊斯兰教会也同样负有教育、医疗、慈善之类的责任。阿里是穆罕默德四大门徒之一，据说他说过这样的话：人有两类，一是你的穆斯林兄弟，二是你的人类兄弟。后一句和《论语·颜渊》"四海之内，皆兄弟也"简直如出一辙；再看深一层，阿里指出人有亲有疏，对亲者固然要好，对疏者也不能忽略，隐然也有由亲而疏之意，这和上篇 9.3 所引《孟子·尽心下》所说的"亲亲而仁民，仁民而爱物"也相应。

"四海之内，皆兄弟也"说的就是第六伦。《诗经·大田》中提到"彼有遗秉，此有滞穗，伊寡妇之利"[1]；历史上遇上天灾人祸，也总有善长设义仓，开粥厂赈济灾民，这是我们文化传统中的第六伦。可惜第六伦受到其他五伦挤压，极度萎缩，以致六伦发展严重失衡，令社会上不少人视背公为私乃理所当然。《汉书·疏广传》记载疏广只给子孙留下足以糊口的田产，因为"贤而多财，则损其志；愚而多财，则益其过"[2]。其实，这样做除了加惠子孙之外，更可以加强对第六伦的关顾，可惜持这种见地者，似乎西方人远比我们多，去世时把遗产捐赠母校以造福整个社会的，比比皆是，而这在我国似乎还不多见。

振兴中华文化，发扬优秀传统，如果我们把能把第六伦提到更显要的位置，人情法理之间就可以取得更合理的平衡，社会上普见的弊端也可以有所减轻。

结语

儒家，英语译作 Confucianism，译回中文，是孔子主义；法、德、西等欧洲其他语言除了因拼写不同而稍有差异外，

---

[1] 收割后田地上这里那里都有遗下的谷穗，这是留给寡妇捡拾的福利。

[2] 孩子好的，会影响他上进之心；不好的，会使他胡作非为。

都是同一译法。但是，儒，我们知道其实是当时一种以祭祀为业的术士，在这个意义上儒家是一个行业，这行业并非孔子首创，孔子也不是唯一的从业者，所以把儒家称为孔子主义似乎并不恰当。不过，如果儒家指的是一种思想，那称之为孔子主义却是贴切不过的。因为春秋时代作为术士的儒家究竟具有什么思想内涵，我们今天实在所知寥寥，真正开始说得出一个所以然来的，不能不说是始自孔子，所以把儒家思想称为孔子主义可谓名副其实。

按西方学院派标准，儒家思想难以称为哲学，因为缺乏像本体论、知识论、伦理学之类的系统性；儒家在伦理方面的论述虽然丰富，但能否称之为"伦理学"也不无问题，因为缺乏逻辑严谨、层层推进的论证，不时出现只有结论而无论据的情况，例如上编8.7所引《论语·子路》"父为子隐，子为父隐，直在其中矣"，为什么这样才是"直"？孔子完全没有加以解释，而这样的例子比比皆是。其他如"仁、礼之本"等关键概念，也往往语焉不详，有时甚至近乎前后矛盾，令人困扰。

不过，学院派眼中"不合格"的哲学家，却是人类文化中的思想巨人。由于孔子，儒家的"礼"才开始由一种纯操作性的程式深化为具有内在价值的道德秩序，儒家也不再仅仅是照本宣科的术士而转变为怀抱天下、服务苍生的志士仁人。秦汉以来各代政治体制，古往今来中华知识分子的精神支撑，以至今天依然或隐或显见之于国人民生日用的行为模式，都是孔子主义下的产物。19世纪意大利政治家达舍理奥（Massimo d'Azeglio）半生致力于统一意大利半岛，以建立国家，他在回忆录中有这样的话："我们已经建构了意大利，现在我们必须建构意大利人"；我们也可以说，建构个别王朝的是帝王将相，而建构一体中华的则是儒家思想。金戈铁马，凌烟功业，最长的也不过几百年，但潜移默化，润物无声，则融汇合成了整个民族的血脉基底。纵贯两千年，横亘千万里，不同时间、不同地域的中国人都能够以儒家思想为共同语言，彼此间产生血肉相连、你我一体的感觉；孔子主义，已经成为了跨越时空限制，维系民族认同、文化认同的核心。没有儒家，中国不会是今天的中国；没有孔子，儒家不会是我们所知道的儒家；儒家思想实际上就是孔子主义。

当然，孔子主义中的孔子也不完全是孔子，其间经过了不断的补充、诠释、梳理与发展，《论语》中的片言只语才慢慢形成有系统的儒家思想，其中最重要的是《孟子》和《礼记》，到了宋儒，更出现质的演化。本书所讨论的"孔子"，准确地说是先秦时代的孔子主义，所引的事例语句，不能肯定都是孔子本人言行，但必定是孔子主义下合理而自然的引申，就如《论语》中某些段落实际是孔门子路、曾子、子夏等人的言行，而《孟子》《礼记》中有些举措也并非出之于孔子自己；不过，既然得以收纳进儒家经典，显然也是得到儒家认可，可以视之为孔子主义的。

一位政治学者这样说过，如果你只了解一个国家，那你就没有真正了解这个国家；以此类彼，如果你只了解儒家，那你也没有真正了解儒家。为了更深刻准确地掌握儒家思想，书中不时会将之与其他文化思想作比照；不同民族的文化思想当然会与儒家有所异同，就其异，可以互相比勘得失，凸显儒家之所以为儒家的特点；就其同，可以彼此印证，以了解古往今来，共见诸不同民族的人类共同诉求，这样可以帮助我们对孔子主义－儒家思想有更深切的认识。

至于那些一般人都耳熟能详的课题，例如孔子对孝道、学习、个人道德修养的重视等，书中就略而不谈，改为集中于一些容易为人忽略，甚至有所误解的地方。孔子有些话没说清楚，书中就根据他的思想条理和内部逻辑作出补充推演，以期令孔子主义－儒家思想的系统性更为清晰完整。书中对《论语》的诠释，在不少人眼中也许是离经叛道的，推崇孔子者，视之为亵渎；鄙弃儒家者，视之为美化。

知我罪我，其惟《春秋》乎，连孔子这样的大智大贤都未能免于讥议，对于毁誉当然只应遇之以平常心。

何毁何誉，都非常期待基于事实、理性和尊重的批评和建议，幸有以教我！

图书在版编目（CIP）数据

仲尼不语：孔子忘了说的话 / 周国正著. — 北京：北京大学出版社，2022.5

ISBN 978-7-301-30341-2

Ⅰ.①仲… Ⅱ.①周… Ⅲ.①孔丘（前551—前479）— 哲学思想 — 研究 Ⅳ.①B222.25

中国版本图书馆CIP数据核字（2022）第065455号

书　　　名	仲尼不语：孔子忘了说的话 ZHONG NI BU YU: KONGZI WANGLE SHUO DE HUA
著作责任者	周国正　著
责任编辑	吴敏
标准书号	ISBN 978-7-301-30341-2
出版发行	北京大学出版社
地　　　址	北京市海淀区成府路205号　100871
网　　　址	http://www.pup.cn
新浪微博	@北京大学出版社
电子信箱	pkuwsz@126.com
电　　　话	邮购部 010-62752015　发行部 010-62750672 编辑部 010-62754382
印　刷　者	北京中科印刷有限公司
经　销　者	新华书店
	880毫米×1230毫米　32开本　10.75印张　201千字 2022年5月第1版　2022年5月第1次印刷
定　　　价	79.00元

未经许可，不得以任何方式复制或抄袭本书之部分或全部内容。
版权所有，侵权必究
举报电话：010-62752024　电子信箱：fd@pup.pku.edu.cn
图书如有印装质量问题，请与出版部联系，电话：010-62756370